顧客の価値を「状況」で考えれば
プロダクト・サービス開発はうまくいく

バリュー・プロポジションのつくり方

前田俊幸／安達淳

SE
SHOEISHA

はじめに

顧客への価値提供の秘訣とは

おおよそ仕事とよばれるものの中で、"顧客"のいない仕事はおそらくないでしょう。プロダクト・サービスのユーザーとしての顧客はもちろん、営業先のお客さんなどさまざまです。また、期待に応えたい相手という意味では、職場の上司や自分の部下もある種の顧客かもしれません。そして、私たちはその顧客に対して「価値」とよばれるものを提供しているわけです。

一体どうすれば、顧客にうまく価値を提供することができるのでしょうか。その秘訣の一つは**顧客の状況を知る**ことにあると本書では考えています。それは、顧客の価値の知覚は顧客のおかれた状況に依存するからというのが理由です。早速ではありますが、こちらが本書の一番のメッセージであり、みなさんにお伝えしたいことの根幹となります。

本書において、顧客の価値とはベネフィット（便益）を指しています[1]。顧客にとっての価値は、顧客がある特定の状況において何かをしようとする際、何らかの不都合やよりよくできる余地があった場合、そこに企業のプロダクト・サービスがうまくフィットすることで、顧客に価値が知覚されます（第1章、第2章）。

1　一般的には、バリュー（価値）＝ベネフィット（便益）－コスト（価格など）とすべきところですが、本書ではコストやプライシングについては焦点をあてていないため、わかりやすく顧客のバリュー（価値）＝ベネフィットとしています。

価値があると知覚されると、顧客はそのプロダクト・サービスを生活に取り入れて、状況が改善されることにつながります。顧客視点を中心におきながら、提供したい体験のイメージを端的に表明したものを「バリュー・プロポジション（価値提案）」とよびます（第3章）。バリュー・プロポジションを明らかにするためには、図1のように顧客の困難な状況が何かを理解し、よりよい状況へのシフトを助けるプロダクト・サービスをデザインする必要があります（第4章）。

　顧客の置かれた「状況」という目線で対象をとらえた場合、事業者がデザインしようとするのは、顧客の環境（またはその一部）といえるかもしれません。そして、実はバリュー・プロポジションを定義することは、顧客向けという以上に、提供側のチームの理解・認識をそろえることにも有効です（第5章）。

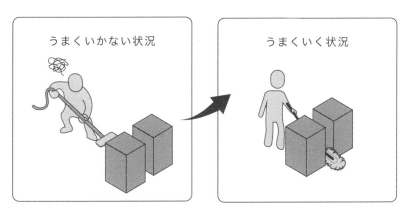

■ 図1　うまくいかない状況とうまくいく状況

状況を見るということ

近年米国で大ヒットしたLiquid Deathという"お水"があります（図2）。Liquid Deathは、中身はただの水ですが、コンビニのエナジードリンクコーナーにあるようないかついメタルなパッケージの「イケてるプレミアムな水」として、創業3年目で約190億円を売上げ、2024年には上場も期待されている新興企業です。

■ 図2　Liquid Death の商品パッケージ
（出典：https://liquiddeath.com/en-jp/products/mountain-water-eu）

Liquid Death創業者でCEOのマイク・セサリオ氏はインタビューで次のように語っています。「現代の若者は、かつてないほど健康に気を遣っている。パンクロッカーやスケートボーダーでさえもだ。（中略）彼らはアルコールをあまり飲まなくなり、めちゃくちゃになることも少なくなった。しかし、彼らはまだ爆発やエクストリームスポーツやヘビーミュージックやビデオゲームでゾンビの頭を吹き飛ばすのが好きなん

だ」[2]。こうしたインサイトから、Liquid Death の独特のビジュアルが生まれています。

　セサリオ氏の語るビジョンも面白く、「通常健康的な決断をしない人たちが、どうやってブランド起点で健康的なブランドに参加したいと思うようになるのか、そしてそれを自分の1日に取り入れるようになるのか」に関心があると発言しています。

　たとえば普段から何本もエナジードリンクを常飲するような人たちが、エナジードリンクを 2 本買おうとしたときに 1 本は Liquid Death を選択するような、そんな状況づくりを模索しているようです。

　実はメタルやパンクなコミュニティには、比較的多くのビーガンがいるそうです。メタルやパンクコミュニティはエクストリーム（極端）を求めていますが、同じようにビーガンであることもよくよく考えたら一般的にはある意味エクストリームであり、そこには極端さという共通した嗜好性がありそうです。結果として、メタルやパンクコミュニティの中で健康志向の文化が浸透し始めるという面白い現象が起きているようです。

　メタルでワイルドなパッケージながらも決してチープではない中身のおかげで、エクストリームな世界観のなかでも合理的なよい選択ができる（しかもその選択もエクストリームに見える）、そんな選択の橋渡しに成功している非常にクリエイティブなケースではないでしょうか。

2　VICE January 29, 2019 Canned Water Company 'Liquid Death' Wants to Make Drinking Water More Metal.https://www.vice.com/en/article/bjqzzw/canned-water-company-liquid-death-wants-to-make-drinking-water-more-metal

このような現代的なLiquid Deathの事例を見るにつけ、本書でこれから解説していく顧客の状況という視点を意識すると、いいことが3つあると考えています。

①顧客に対する価値の解像度を高めることができる

上記の記述だけで、人がなぜLiquid Deathを選択するのか、みなさんは納得できたでしょうか。人の行動や判断は多分に状況に依存します。顧客のおかれた状況を深く理解することで、「人はなぜその選択するのか」について納得しやすくなります。

たとえばこんな状況を想像してみましょう。金曜日の深夜12時に大音量の音楽が流れるクラブにみんなで流れ着いたとしましょう。みんなが強いお酒で乾杯しようとバーカウンターで注文しあっていますが、あなたはあまりお酒が得意ではありません。みんなと盛り上がりたい気持ちは強いので、場が冷めるような注文をしたくないと思いつつも、やはりアルコールは避けたいと思っています。

そのとき、Liquid Deathのようなケミカルで危なそうに見えつつも、中身は水、それもちょっとプレミアムな水があったらどうでしょうか。せっかく深夜のクラブで非日常的な経験を求めてきているので、普段のペットボトルの水よりも、Liquid Deathのようなパッケージのほうが気分には合いますし、特別感があり、一緒に来ている仲間とも話題にできてきっと盛り上がることでしょう。

このように顧客の状況を想像することで、アルコールは飲みたくはないが場の雰囲気は壊したくない、一方で自分もテンションを上げたいし、周りからノリが悪いと思われたくないといった若者の心の声が聞こえてくるようになり、顧客がとらえている価値の解像度が格段に高まりま

す。これがバリュー・プロポジションを考えるうえで大いに役立ちます。

②因果関係からニーズを予測することができる

　顧客の状況をつぶさにとらえることで、顧客の選択や行動の因果関係が見えてきます。次にどのような行動にうつるのか、どんなニーズがありそうかの予測につながっていきます。Liquid Death を購入する若い世代の状況に即し、エクストリームな世界観を楽しめるファッションやジョークアイテムの販売、SNS を活用したパンクなコミュニケーション（たとえば顧客からの苦情メールをInstagramに掲載しながら販促する）など、エクストリームな瞬間を楽しめる状況を多様につくっています。

　状況をとらえることで対象顧客の行動の背景を理解でき、どんなプロダクト・サービスを提供すればよさそうかの打ち手が考えやすくなります。

③顧客の置かれた状況変化に敏感になる

　顧客のニーズはおかれた状況に応じて変化します。Liquid Death が対象としている米国の消費者の状況やそれに伴う心理や行動は、当然ながら今後も変化していきます（企業はその変化を引き起こしている当事者でもあります）。みなさんがビジネスで対象としている顧客の状況も刻一刻と変化しているため、いまのバリュー・プロポジションも一度決めたら、それでおしまいというわけにはいきません。

　顧客の状況をつねに変化するものとしてとらえたとき、プロダクト・サービスをあつかう事業者はつねにその変化への感度が上がるようになります。

イノベーションと状況

　本書は、顧客の状況というコンセプトを知っていただき、バリュー・プロポジションやビジネスに役立てていただくことが目的です。筆者らの顧客体験に関するコンサルティング経験をもとにしながらも、理論的に理解するうえでは故クレイトン・クリステンセン氏の一連の理論に深く共鳴し影響を受けています。

　クリステンセン氏は破壊的イノベーション理論を提唱し、著書『イノベーターのジレンマ』（翔泳社、2000）で世界的に有名な経営学者です。しかも、イノベーション理論の大家であると同時に、顧客のとらえ方についても新しい見方を探求した方といえます。

　続く『イノベーションへの解』（マイケル・ライナーとの共著、翔泳社、2003）と『ジョブ理論』（タディ・ホール他との共著、ハーパーコリンズ・ジャパン、2017）の2冊は、本書でも随所に出てくる「状況」という見方をビジネスの文脈に位置づけた初めての本のように思えます。

　イノベーションというと、新しい技術シーズの活用や斬新なアイディアを生み出すこと、その応用が気になるかもしれませんが、クリステンセン氏は顧客ニーズのとらえ方を進化させることで、イノベーションのヒントが得られると考えました（とくに「無消費層」という概念に顕著です。詳しくは各書籍をご覧ください）。

　彼の共著書『ジョブ理論』の中で、顧客の求めるものをあらたに表現

した「ジョブ」という概念を提唱しています。

顧客のジョブ ＝ "ある特定の状況（Circumstance）で、人が成し遂げ ようとする進歩（Progress）"

　たとえば、人はリモートワークで作業環境をよくするために大きなモ ニターを取り入れたり、リモート会議用にマイクやスピーカーを取り入 れたり、さらには気分転換や健康のために昇降デスクに変えたりします が、その動機は意外と複雑なものです。

　あるビジネスパーソンがリモート会議で使うマイクにまつわる困りご とを解消したいと思ったとしましょう。というのも、これまでラップ トップのマイクを使っていたところ、同僚から自分のキーボードの打鍵 音をマイクが拾っていてうるさかったと伝えられて焦ったからです。 キーボードから距離をおいて使える外付けのマイクを買おうとしました が、ミーティング中にもよくコーヒーをいれたくなるので、移動しなが らマイクをもち運んで話せるようにと、有線ではなく無線にしました。 　実際に使ってみたところ、マイクのボタンを押すことで音声入力を直 接オンオフできることに気づきました。それによって、リモート会議 ツール（Google meetやZoomなど）上でマイクをオフにしなくても、マイク 側で入力をオフにすれば、ツール上ではあたかもマイクオンの状態が維 持されて、「マイクオフにしてると少し感じ悪いかな」という罪悪感もな く、コーヒーを遠慮なくすすることができると気づきました。 　次回も、必ずマイク側でオン・オフができるものを買いたいと思って います――などと、この人の電話会議のマイクに対するニーズは、音声

品質などの機能だけでなく、対話相手への気遣いや、はたまた自分の好きなコーヒー事情もはらむ、複雑な状況が背景にあることがわかります。

　このような彼の「特定の状況」を知ったとして、みなさんなら彼のマイク事情を今後どのように「進歩」させられると思うでしょうか。ジョブ理論はこのようなことを問いかけるものです。

　筆者らは長らくUX（ユーザーエクスペリエンス）や顧客リサーチを専門としてきました。実はその中で重視してきたコンセプトが「顧客の状況」です。人は置かれた状況に応じて、行動の仕方やものごとの感じ方が変わります。逆に、状況が同じであれば人は大体同じように感じ、同じように行動する、そのような事態を何百回と目の当たりにしてきました。

　そういった顧客の状況のビジネス的な意味について、理論的な端緒をつけてくれたクリステンセン氏のジョブ理論との出会いが、本書を書いた動機でもあります。

　顧客の状況に注目するという見方は、非常にシンプルで実務的でありながら奥深いコンセプトです。この「状況」という視点や考え方によって、みなさんの顧客への価値提供（バリュー・プロポジション）に関する見通しがよりよくなるよう、本書を通じて貢献したいと願っております。

CONTENTS

はじめに ———————————————————————————— 002

基礎編

序 章 | バリューで社会を変える

021

■ 状況のアップデート ———————————————————— 022

■ 状況は必ずしもデザインできない ————————————— 024

■ バリュー・プロポジションが規定するもの ——————————— 027

第 **1** 章 | 顧客の状況と価値

031

■ 人は状況をよりよくする ———————————————— 032

■ 価値の知覚について ————————————————————— 041

■ 顧客に注目する ———————————————————————— 054

COLUMN 他者理解にまつわるバイアス—帰属バイアス ——— 062

COLUMN サービス・ドミナント・ロジック ————————— 063

第 2 章 状況と体験

■ 時間軸で価値をとらえる ──────────────── 066

■ 顧客の状況シフトをとらえる4つの力 ──────── 071

■ 4つの力の関係性 ──────────────────── 074

■ 体験価値と状況 ─────────────────── 080

■ 状況とニーズの関係性 ─────────────── 083

COLUMN 顧客フォースモデル ──────────── 087

第3章 顧客価値を可能にするもの

■ 状況×機能（資源、リソース） ———————————————— 090

■ 体験のコンセプト ———————————————————————— 092

■ 状況だけではバリュー・プロポジションはつくれない ——— 094

■ 問題空間と解決空間 ——————————————————————— 098

■ 機能で状況を切り取る ————————————————————— 103

■ バリュー・プロポジション導出の2つの考え方 ————————— 112

■ 既存アプローチとの違い ———————————————————— 122

■ 意志や思想、メンタリティの重要性 —————————————— 125

COLUMN 顧客の声・意見は打ち手の検討には弱い ———————— 128

■ バリュー・プロポジションづくりの振り返り ———————— 132

■ バリュー・ダイヤモンドボード ———————————————— 137

■ バリュー・ダイヤモンドボードの活用シーン ———————— 141

COLUMN ペルソナと目標指向デザイン ———————————— 151

第 5 章 バリュー・プロポジション 温故知新

■ バリュー・プロポジションの原典 ——————————— 154

■ バリュー・プロポジションは戦略であり、メッセージではない —— 159

■ バリュー・プロポジション再考 ————————————— 165

■ あと出しでバリュー・プロポジションに気づく ——————— 167

実 践 編

第 **6** 章 | バリュー・ダイヤモンド
ボードの書き方

■ 白紙から埋める ——————————————— 174
■ 埋めたボードを改善する ————————————— 192

第7章 状況をとらえるリサーチ手法

■ 状況の抽出はデプスインタビューで行う ——————— 198

■ デプスインタビューの実施ステップ ——————— 206

■ 状況を抽出する分析・考察手法 ——————— 215

■ 内製 vs. 外注 ——————— 226

COLUMN 「仮説をもってはいけない」という言説について —— 228

おわりに──仕事とは状況を変えること ——————— 230

参考文献 ——————— 236

本書に関するお問い合わせ ——————— 237

会員特典データのご案内 ——————— 238

著者略歴 ——————— 239

基礎編

序 章

バリューで
社会を変える

　事業とは、人の意志によって顧客の生活や状況を変えうるものです。

　ただし、必ずしも事業者の意志や思いどおりになるわけではなく、顧客側の都合やニーズにフィットしたもの、つまりバリュー（価値）あるものでなければ受け入れられません。

　序章では、顧客のバリュー（価値）をとりまく状況について概観します。

状況のアップデート

よりよい状況への進歩としての事業づくり

　みなさんが担当されているであろう新規事業開発や既存事業の運営、マーケティングやセールスなどのあらゆる業務は、直接的にせよ間接的にせよ必ず何らか顧客の価値にかかわるもので、事業を形づくるものの一部です。事業とは、もとをたどると、「自身の原体験からくる困りごとを解決したい」「こんなものがあったら面白いのではないか」、そういった強い思いやアイディアをもった事業者たちの意志に端を発して実装され、具体的に誰かの課題を解決しながら、顧客の状況をよりよくしていくものだととらえることができます（図序-1）。

　そして、その状況の中には必ず「顧客」がいます。みなさんのプロダクトやサービスを知って気に入り、それを自分の生活に取り入れたいと思って期待し、お金を払って手に入れ、実際に使ってみて体験し（場合によってはやめてしまい）、それを使う生活が定着した結果、以前それなしではどんな風に暮らしていたか思い出せないぐらい当たり前のものとしてなじんでいきます。

　みなさんの部屋の中（またはスマートフォンのアプリ）もそういったモノで

提供者・新規事業者

■ 図序 -1　事業づくりは「いまの状況」から「よりよい状況」への進歩

あふれていると思います。たとえば電子レンジに冷蔵庫、お掃除ロボットや自動調理鍋、空気清浄機など。業務に使うものであれば、リモートワーク用のワイヤレスイヤフォンやスピーカーフォン、そして Word や Excel はもちろん、Slack や Teams、Google Drive などのオンラインファイルストレージ、近年では ChatGPT などなど。使い始めた頃や購入したばかりの頃は、しばらくその便利さに感動して熱中したモノたちです。

　ですが、いったん慣れてしまうと、そのプロダクトやサービスの存在が当たり前に見えてきて、もともと感じていた「価値」も忘れてしまうと思います。もちろん、数回しか使わないためにその一回一回が印象に残るサービス（冠婚葬祭など）もたくさんあります。ただ結果として、みなさんの事業が生んだプロダクトやサービスのおかげで、顧客や社会の状

況が以前から別のよい状況にシフトしたといえます。

　そうとらえると、**事業とは「顧客の状況を進歩させるためのもの」**といえるでしょう。

状況は必ずしも
デザインできない

事後創発的な価値づくり

　新しいプロダクトやコンセプトの登場で、状況が一変することがあります。Apple社によって、人々の手のひらからインターネットにつながる魔法のようなデバイス（しかもクラウドの超巨大な計算リソースに支えられています）であるiPhoneが、ある日世界の多くの人に届きました。それによって誰もが写真や動画を共有しはじめ、付随するメディアが生まれ、"インフルエンサー"が誕生し、そのインフルエンサーが自らブランドを立ち上げて商品を販売し……と、いまでもさまざまな新しい「状況」が日々生まれ続けています。私たちは、そういった荒々しい状況変化の連鎖の中に機会を見出して、ビジネスをしているように思えます。

　企業が対峙する顧客の状況は、つねにこういった変化にさらされており、いつその状況が変わってしまうかもわかりません。短期的には顧客のいまの状況を改善できたとしても、経営者がイメージする「よりよい

状況」を思い通り実現できるかというと、必ずしもそうはいきません。

　顧客や社会は日々毎秒、ミクロにマクロにいろいろな無数の刺激や変化の影響を受けています。むしろ、柔よく剛を制すかたちで、顧客の状況変化に寄り添いながら、当初のゴールイメージを変化させていくことが正攻法となるでしょう。むしろ、当初想像していなかった新しい状況にこまめに気づくかたちで、新しい機会が見えてくる、といった方がいいかもしれません。そのためにも、顧客にとって何が価値なのかを見続ける必要があります。

　顧客にとっての価値を見続けることの重要性がわかる例として、日本が誇る建機メーカーであるコマツが開発したKOMTRAX（コムトラックス）が挙げられます。KOMTRAXは、建設現場においてフォークリフトやブルドーザーの稼働状況を全世界規模で把握できるシステムです。建機と情報技術を融合させて、現場の土木工事現場のプランニング精度を圧倒的に向上させ、「スマートコンストラクション」とよぶ現場の生産性の革命を起こしています。

　KOMTRAXは当初、GPS搭載による建機の盗難防止や保守管理のしやすさを考えて企画されたシステムでした。当時流行だった「たまごっち」上のデジタルキャラクターが自分の「お気持ち」（お腹すいたなど）を発していることがインスピレーションになり、建機も「自分はここにいる」「燃料が残り少ない」と自らいってくれればいいのにと考えたそうです[1]。

　また当時、盗難された油圧ショベルでATMの現金強奪事件なども起きていたため、盗難対策としてGPSが必要になる社会的な状況もありました。コマツの建機を何十台もレンタルしている企業からしてみると、

1　坂根正弘『ダントツの強みを磨け』日経BPマーケティング（2015）

こういった機能は非常に助かるわけです。

　KOMTRAX はいまや進化を遂げて、土木工事のオートメーションを支えるプラットフォームになっています。工事前にドローンを飛ばして現場を計測し、データをもとに工事のプランニングが行われ、建機が無人かつ自動で工事を進めるシステムにまで発展しています。しかも、現場の建機は必ずしもコマツのものだけでないため、他社にもデータをAPI 提供して仲間になってもらうことで、工事現場全体の自動化・生産性向上を実現しています。建機という点では競合他社をサポートすることになるため、社内の論理矛盾が起きないよう別会社をつくって推進がなされています。

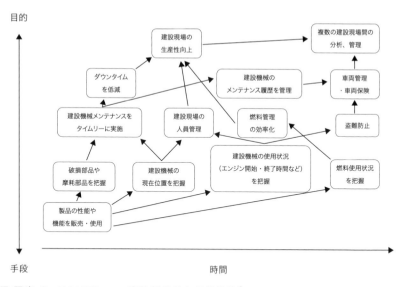

■ 図序 -2　KOMTRAX の事後創発的な価値構築 [2]

2　藤川佳則, 阿久津聡, 小野譲司「文脈視点による価値共創経営：事後創発的ダイナミックプロセスモデルの構築に向けて」組織科学, 46 巻 2 号（2012）

このKOMTRAXを分析した一橋大学の藤川佳則氏らによるリサーチによると、このような展開は当初から計画されていたものではなく、「企業と顧客が事後創発的に価値の中身を構築していった」（藤川 03）、そのようなとてもダイナミックな過程の中で生まれました（図序-2）。

要するに、やっていたら後から気づいて発想が生まれた（つまり事後創発）ということです。顧客に提供したシステムが顧客の状況を変え、そこから新たな顧客の行動やニーズが生まれ、企業は再びその状況を見て新しいシステムを企画して提供する……。そのような「状況変化から生まれた機会」と「価値提供」の連鎖から、あとづけ的に「よりよい状況」が生まれていく。

もちろん、すべてボトムアップで起きたことをあとづけするというわけでもなく「きっとこうなっていくのではないか」と大きな仮説を念頭におきながら、「ああ、意外とこっちだったか」というような感覚かもしれません。

バリュー・プロポジションが規定するもの

価値は顧客が認識する

事業とは顧客の状況をよりよくアップデートするものであり、短期的

には意図した通りの状況改善はできるものの、その後のことは予測が難しく、顧客とのインタラクションの中で新しい機会に気づき、当初とは異なる発展を遂げていく、というようなことを述べました。

　しかし、何か新しいアイディアをプロダクト・サービスにしてリリースすれば顧客が勝手にバイ・イン（賛同）してくれ、想定したような状況変化が意図通りすんなりと起こるかというと、そうではありません。当然、そこには何らか顧客が欲しくなるようなバリュー＝価値が必要です。**価値がなければ、顧客は生活やビジネスに取り入れたいとは思いません**。顧客にとっての価値を特定する必要があります。

　第1章で後述しますが、本書にとって価値（バリュー）とは顧客が認識する価値であり、顧客が「これいいな」と思ったポジティブな情動を指します。何らかポジティブな情動が生まれればそのプロダクトやサービスを買いますし、継続して使い続けます。一方で時間が経過し、そのプロダクト・サービスを使い続けていくと、慣れたり飽きたりしてしまいます。新しい靴を購入したときはあれほどうきうきしていたのに、そんな気持ちは2日目以降に急速に穏やかになり、気付くと靴の存在も忘れていることは日常的によくあると思います。

　一方、提供側は顧客の状況をよりよくするために、顧客を巻き込み、期待し続けてもらいたいと考えるものです。そのためには、どうしても顧客に価値があると知覚してもらう必要があります。

　その価値をプロダクトやサービスといった形で提供し続けるためのシステムとしての仕組みも必要になります。このようなフェーズになると初期のアイディアを構想するときと比べてやらねばならないことは膨大になります。当然一人では限界があるので、チームで取り組むことになるでしょう。

　はじめは数名からスタートですが、チームが少し大きくなっただけ
で、営業やマーケティングや開発など、あっという間に機能単位で協働
し合う組織になります。そうなると、営業で売り込んできた価値と、開
発で実際につくっているものとが食い違うわけにはいきません。万が一
そのような場合に陥ってしまうと、顧客は営業から聞いて期待して買っ
たものと異なるものが実際に届くことになり、顧客は不満を抱えて返金
を要求してくることもありえます。したがって、**組織全体でどんな価値
づくりに向き合っているのかの認識がそろった状態であり続ける必要**が
あります。

　ものがよくても、残念ながら顧客がそのよさに気づかない場合もあり
ます。たとえば、私たちはある状況をネガティブに感じていても（たとえ
ばリモート会議など）、それを改善したいとは思わず（または改善できるとは知ら
ず）に過ごしていることがたくさんあります。プロダクトやサービスの
価値に気づいてもらう・知ってもらう、そして買ってもらうためにも、
価値についてコミュニケーションをとる活動が必要となります。

　バリュー・プロポジションという概念をはじめて導入したといわれる
マイケル・ラニング氏らによると、バリュー・プロポジションとは、以
下のような組織の活動を規定する戦略そのものです（第5章参照）。

　① **価値を選ぶ**（顧客にとっての価値を特定する）
　② **価値をつくる**（その価値を生む仕組みをつくる）
　③ **価値を伝える**（顧客に価値を認識してもらう）

　バリュー・プロポジションというと、一般的には「③ 価値を伝える」
部分を想起される方が多いかもしれません。「新しいプロダクト・サービ

スの価値について、競合他社と差別化された独自の価値」を表明するものがバリュー・プロポジションであるというのは、その通りです。

　ただ、当然ながらそれは顧客にとっての価値とは何かの選択と、その価値が生まれる再現性の高い仕組みづくりに裏打ちされたものです。重要になるのは最初の基点である「① 価値を選ぶ」であり、それがバリュー・プロポジションの根幹といえます。近年顧客や市場が目まぐるしく変化する中で、顧客にとっての価値が何かをうまく見つけることは、事業の成功においてより重要なものとなっているでしょう。

　一体どうしたら、顧客の価値をうまく特定することができるのか、本書ではこの点にもっともフォーカスしてお伝えしていきます。

　なお、本書では上記のような「価値をつくる」という表現には敏感になっています。あくまで価値とは顧客が実際そう感じたかどうかであり、提供者が「価値をつくる」ことは原理的にはできないという考えに立っています。

顧 客 の 状 況 と 価 値

　第1章では、顧客の価値とは何かの基本的な理解として、顧客が特定の状況において、特定のプロダクトやサービスと出会う真っただ中で価値が生まれるという考え方をお伝えします。その際、顧客の置かれた「状況」という視点が非常に便利な考え方であり、「状況」という分析単位があることについて導入します。

　なお、価値というのは幅広いカテゴリーで使われる言葉ですが、本書でいうところの価値とはベネフィット、つまり顧客にとっての便益のことを指しています。経済的な意味での価値、つまり「製造されたプロダクトに100万円の価値がある」というような金銭的な価値とは異なる意味で用いています。

人は状況をよりよくする

状況変化のサイクルは起き続ける

　人は自らの置かれた状況をよりよくするために、生活や仕事にさまざまなものを取り入れます（図1-1）。新しいカメラのレンズや、ヘルスケアアプリ、昇降デスク、浅煎りのコーヒー、化粧水などさまざまです。しかも、それは必ずしもお金を払うものだけとも限りません。

　身の回りの手近なもので自ら道具をつくり出したり、工夫を凝らした

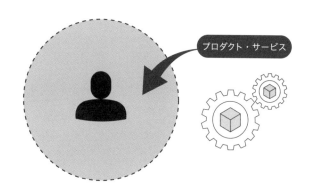

生活・仕事の状況

■ 図1-1　人は状況をよりよくしようとする

りすることで、お金を使わずに望む状態にできるかもしれません。たとえば、デスクの上のディスプレイの高さを調整するために、適切なサイズの台を買うこともあれば、ちょうどいい高さになるように読み終わった本を積んで調整する人もいる、といったイメージです。

　状況をよりよくしたいと感じるきっかけもさまざま考えられます。インターネットやテレビで情報や知識を得て、いまよりうまいやり方があると知ったから、いつも同じことのくりかえしに飽きたから、などということも動機の一部になるでしょう。しかし、やはり強い動機としてはその状況が不快だからということが多いのではないでしょうか。

　状況の改善の仕方は、必ずしも正解があるわけではありません。実際、状況をよりよくする選択肢は際限なくあるでしょう。たとえば乾燥肌を治すために、化粧水を使ったり、サプリメントをとったり、運動したり、レバーや豚肉などのビタミンB類を意識的にとったり、加湿器を使う方

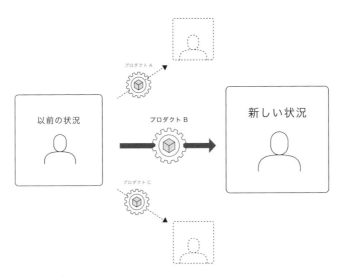

■ 図1-2　状況の変化

法もあります。自分のアクセスできる知識と情報を用いながら、自らのヒューリスティックス（経験則のこと。人間が先入観や経験にもとづき、ある程度よさそうな答えを見つける思考法）を用いて、試しながら選びとっていきます。

　ただ、その方法を見つけられるかどうかは、もはや運頼みというか、ご縁のものといっていいかもしれません。新しい手段と出合うことができて、それを採用してそのままもし定着すれば、つまり新しいやり方が以前のやり方よりも効果的で心地よいものとなれば、その状況が定着していきます（図1-2）。その中で従来の手段は生活から外れ、新しいやり方は当たり前のものとなり、普段意識に上ることもなくなるでしょう。

　しかし、一度よりよい状況に落ち着いたからといって、それをそのまま永久に続けるということもありません。仕事では会社で昇進したり、会社が成長してチームを任されたり、交友関係も変わったりと社会的な環境も変わります。自分自身の考え方や好みが変わることもあります。

　気温が年々上がったり、インフルエンザがはやったり、引っ越ししたり、自宅の照明が切れたりと、身近で物理的な環境変化もあります。また、スマートフォンが登場したり、SNSを通じて知識が入ってきたり

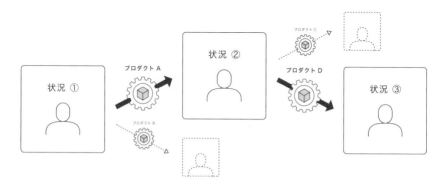

■ 図1-3　状況の変化は起き続ける

と、周囲の状況変化がいつも必ずどこかで起きていきます。

その変化は、これまでみなさんの心地よかった状況を不快なものに変えてしまうこともあるでしょう。その度に、再び状況をアップデートすべく、プロダクトやサービスを新たに生活に取り入れていきます（自分の考え方を改めることで変化を受け止めてしまうこともあるかもしれません）。このような**状況変化のサイクルが、人の生活においてとめどなく起き続けると考えられます**（図1-3）。

このように顧客の状況について俯瞰的にとらえると、価値とは顧客の状況をよりよくすることにかかわるものだといえそうです。続いて、この価値についてもう少しクローズアップして見ていきながら、本章の後半では脳科学の知見も拝借していきます。

状況的な価値

筆者らは顧客リサーチやUX[1]に関するプロフェッショナルとして数多く経験を積む中で、**人の行動がいかにその人の置かれた状況に左右されるか**を目の当たりにしてきました。

たとえば、ある人に以下のようなお願いをしたとします。

「仕事中に疲れて頭がぼーっとしてきました。休憩してください」

次に、以下のようなお願いをしてみたとします。

1　ユーザーエクスペリエンス（User Experience：UX）とは、プロダクトやサービス、またはシステムを使用する際にユーザーが経験する全体的な知覚や反応を指します。

35

「仕事中に疲れて頭がぼーっとしてきました。休憩してください。しかし2時間後に重要なプレゼンテーションがあります」

　ご自身のこととして想像してみると、この2つの状況では、その後の行動に違いが出そうなことに想像がつくと思います。とくに後者の場合は、休憩するとしても、休憩後のプレゼンのことを念頭にした休憩をするでしょう。横になるにしても、10分程度のパワーナップを意識したり、ほっと一息コーヒーを飲みながらも、カフェインでプレゼン準備にむけて頭を再度切り替えたいなどと考えそうです（前者の場合は、気分転換にぶらぶら散歩にでも行ってしまいそうです）。

　「状況」は人の行動を左右するだけではなく、あるプロダクトやサービスに対する価値の感じ方も変えてしまいます。

　みなさんは普段、水道水をもち歩くことはあるでしょうか。コンビニや自販機でペットボトルのお水を買って、そのままカバンに入れっぱなしにしてもち歩いている方もいるかもしれませんが、中には魔法瓶などで水道水を一度沸かしたものや、浄水器にかけたものをもち歩く方もいるかもしれません。登山をする知人に聞いてみたところ、彼らにとっての水道水は少し意味合いが違うようです。水道水には塩素が含まれるため、普通の水よりも腐りにくい特性があり、常温で3日ぐらいは長持ちする、また傷口を消毒する際にも使えるとのことでした。

　つまり、数日間のあいだ衛生的な水へのアクセスがなくなるような状況では、水道水は極めてローコストで保存のきく飲料水や洗浄水としての価値をもつわけです。ありふれた同じ水ですが、このように**人は置かれた状況に応じて、物事に対する価値の感じ方も変化します**。

価値の経験

　このように、人は置かれた状況において、モノの価値の受け取り方が変わります。これは、顧客の立場として考えてみれば、とても日常的で当然のことといえます。厳密なことをいうと、みなさんにとって日常の瞬間瞬間は二度と再現できない固有な状況ですから、体験はすべて1回限りなものです。

　そんな最中で、顧客にとっての「価値」とは一体どういったものなのでしょうか。今日起きていまに至るまで、まさに価値を感じたなと思える瞬間がないか振り返ってみてください。ちょっと考えてみても、「まさにこれが価値でした」といえるものがあるでしょうか。

　たとえば、靴の購入に関する体験はどうなるでしょうか。1908年フランス創業のParaboot（パラブーツ）というブランドがあります。たとえばこのParabootが人気であることを知って気になってしまい、それを購入して履くという体験の流れを、以下に箇条書きで示してみます。それぞれの行動をしている際、どんな感情かを想像しながら、読んでみてください。

① 仕事の休憩時間や通勤途中の隙間時間で「パラブーツ」と検索し、定番のチロリアンシューズ「ミカエル」がとてもかわいいと感じた。雨に強くてえらく丈夫らしい。しかし7万円となかなか高い。試着の体験ブログを読んでいると、ミカエル以外にもいろいろあって目移りしそう。

② そういえばParabootが最初にはやったころ、ファッション好き

な先輩が、わざわざインターネットで本国から取り寄せて買っていたことを思い出す。買って間違いはなさそう。

③ ある日たまたま東京の丸の内にいて、Parabootの店舗が目に入ってしまった。まさに高級店な店構えに恐る恐る入店。金髪の店員さんが気さくに話しかけてくれ、いくつか試着を試みた。やはり「ミカエル」がかわいい。そのまま意を決して、靴クリームもセットで購入してしまった。

④ 帰宅して、いざ箱をあけたら柔らかい布袋に片方ずつ入っていたのに驚きつつ、こんなに丁寧に片方ずつ袋に入れてくれるんだ……と少し感銘を受けた。

⑤ 次の日の外出時に、もちろんさっそく履いてみる。ソールがあるのでいつものスニーカーに比べて、だいぶ背が高くなった気がして少し得した気分になる。

⑥ 雨に強いと聞いていたので、もったいないと思いつつも雨の日にあえて履いてみた。いざ歩き始めると靴のことは忘れていたが、帰宅して脱いだときに、革に雨がしみていたり、中に入ってきたりした気配はなかったので、さすがだと思った。

　さて、上記は断片的ですが購入前後の体験を記載したものです。この行動の中で、靴の価値とはまさにこの瞬間だといえるものは、一体いつなのでしょう。買ったときでしょうか。雨の日に履いてみて帰宅時にその堅牢さを実感した瞬間なのでしょうか。おそらく、正解は上記の体験すべてであり、その瞬間、瞬間のポジティブな知覚が価値といえるのかもしれません。そして何より、ポジティブに感じるかどうかはすべて当事者次第です。

　サービスマーケティングで世界的に著名なロバート・ラッシュ氏とスティーブン・バーゴ氏らによると、**価値とは顧客一人ひとりにとっての独自の体験で、経験の中で創造されるもの**で、形もなく、貯蔵することもできないものとされています。このような価値の元来触れられない性質を、価値の無形性といいます。価値とは顧客自身が置かれたさまざまな状況に依存して、その都度生まれる実は共有困難な経験と考えられます。

状況は重層的

　「状況に依存して」と書きましたが、人が普段から置かれる状況はよくよく見ると複雑で、いくつもの状況が重なっているようにみえます。たとえば、数日前に胃腸炎がようやく治った人が、今朝は朝から何も食べておらず、しかし午後に勝負をかけたプレゼンを控えながらも、お腹をすかせてお昼時に飲食店街を歩いているという状況を考えてみましょう。

　この人の置かれた状況を表現すると、たとえば以下のようになります（図1-4）。

　　① 歩いている
　　② 歩いているのは飲食店街
　　③ 時間は昼の時間帯
　　④ お腹がすいている
　　⑤ 朝から何も食べていない
　　⑥ 数日前に胃腸炎が治ったばかり
　　⑦ 直後に大事なプレゼンを控えている

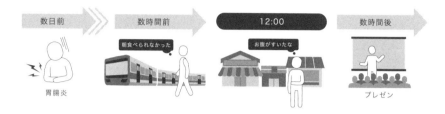

■ 図1-4　状況は重層的

　この人の状況をどのように把握したらよいでしょうか。実際、①〜⑦の組み合わせのどれをとっても、この人が置かれている状況について何らか言及することはできます。また、①〜⑦すべてを使って、より精緻にこの人が置かれた状況について言及することもできます。

　空腹のこの人に何を食べるといいかをすすめるとしたら、何を考慮すべきでしょうか。④や⑤のように、単に朝から何も食べておらずお腹がすいているだけであれば、腹持ちのいいものをすすめるかもしれません。⑥について意識すると、体調を気にして消化のよさそうなものを考えそうです。さらに⑦を考慮したら、満腹で眠くならない軽いものや、これ以上歩きまわらずに近場で短時間で食べられそうな軽食がいいと考えるかもしれません。

　一言で状況といっても、このようにさまざまな解釈の可能性があるため、この人固有の経験について理解するには、どこまで多層的にその人の状況を理解するとよいかが問題になります。

　また、この理解を生かして事業機会を探そうとする場合、あまりに特殊な状況を狙ってしまうとニッチすぎるものになってしまいます。上記の①〜⑦のすべてを満たした状況はかなり個別具体的で、この人の心境もより正確に想像できるため提案の鋭さも増しそうですが、ともすると

世の中的に発生頻度の低い状況かもしれません。一方で、シンプルに④だけにすると、ほぼ万人に起こる状況といえますが、具体的な機会としてとらえるのは困難です。④⑤⑥くらいにするとイメージももちやすく、いろいろな人に適用できる塩梅と見ることもできます。

　このように状況は重層的で、①〜⑦のようにさまざまな具体性で記述できるものですが、具体性のレベルをうまくコントロールすることで、顧客理解の解像度を高めたり、発生頻度の高い状況を考えることができます。

価 値 の 知 覚 に つ い て

　続いて、人の価値の知覚の仕方について、より踏み込んだ理解をしてみたいと思います。

価 値 は 情 動

　価値の知覚の理解についての重要なヒントとなるのが、脳科学・神経科学の分野でいわれる「情動」という概念です。脳科学・神経科学分野にはあまりなじみのない方も多いと思われるので、わかりやすくまとめてみます。

　たとえば、高いところに慣れていない人がバンジージャンプやスカイ

ダイビングで飛び降りる直前、下を見おろしただけで足がすくんだり、震えたりすることがよくあります。あるいはお腹がすいているときに出された料理を見て、おいしそうだと感じて口中で唾液がでたり、唐突に理不尽なふるまいをされて怒りで肩を震わせたりといったように、外部からの刺激に対する「無意識的な心の動き」は情動[2]とよばれます。

「情動」は齧歯類（ネズミなど）からある程度表出の仕方が共通化されている心の動きです。一方で、日常的に耳にする「感情」という言葉があると思います。「感情」とは人間が独自にもつ、個人によって表出のされ方が千差万別の心の動きとされています。

つまり、「情動」とは各個人独自のものではなく、多くの人に共通される「無意識的な心の動き≒反応」のこととして「感情」とは区別されます（図1-5）。顧客の価値をとらえるうえでも、この2つを分けて認識することが理解のポイントになります。

情動	生物の生理的反応として他者が見ても判断できる客観的なもの
感情	主観的な意識の体験で、他者によって観測することはできないもの

■ 図1-5　情動と感情の違い

情動反応の大別と価値認識

情動を大別すると快情動と不快情動に整理することができます。快情動とは、欲求が満たされた際の満足感であったり、何かをやり遂げたと

2　脳科学辞典では「感覚刺激への評価に基づく生理反応、行動反応、主観的情動体験から成る短期的反応のこと」と定義されています。（https://bsd.neuroinf.jp/wiki/%E6%83%85%E5%8B%95）

きの達成感であったりといった、「快」の状態に対する反応といえます。

　一方の不快情動は快情動の逆で、恐怖や嫌悪などといった「不快」の状態に対する反応です。人間は快情動をもたらす刺激には無意識に近づいていく（快情動行動）一方で、不快情動をもたらす刺激から遠ざかろうとします（不快情動行動）。

　たとえば、飲み物をそばに置いて仕事をしているとき、ふと気づいたら飲み物を手にとって飲んでいたり、過去に上司からミスをして怒られた経験から、ミスを報告することにおっくうな気持ちが生じたりすることがあると思います。それらはどちらも「喉が渇いたな」と意識する前に、喉が潤った状態（快情動）に近づこうとする快情動行動や、ミスをして怒られるという状態（不快情動）を無意識に遠ざけようとする不快情動行動といえます（図1-6）。

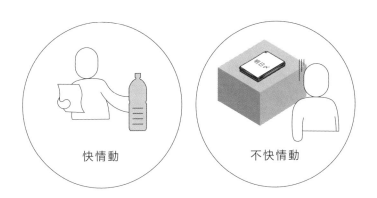

■ 図1-6　快情動と不快情動

　つまり、**顧客にとって「価値があること」とは、「快情動である」ととらえることができます。**具体的には、課題や困りごとを解消してくれた

り、役に立つと感じたり、現状よりもよりよい状態にしてくれたり、などといった言葉に置き換えることができます。さらに、価値があると感じるものを購入したり使用したりする顧客の行動は、快情動行動ととらえることができます。

価値認識と状況

人はつねに環境（状況）を予測している

価値の認識とは情動であり、情動とは外部からの刺激によって起こる反応です。目には光、耳には音、皮膚には空気の振動や熱、触覚刺激など、人は外部である物理的な環境（状況の一部）からつねに膨大な刺激を受けています。この刺激の大本である人の外部の環境について、実のところ人は直接認識することができていません。

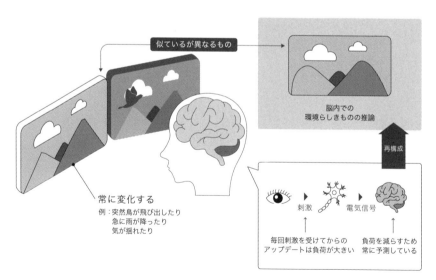

■ 図1-7　人はつねに環境（状況）を予測している

環境自体を直接認識しているのではなく、環境から受けた刺激が、目や耳や皮膚などにある知覚を司る器官を通して電気信号に変更され、脳の中で再構成されて「環境らしきもの」を再構成しているということができます（図1-7）。この実際の環境と「環境らしきもの」は似て非なるものであり、神経科学の分野では脳の中で「環境らしきもの」を推論しているととらえられることが多い概念です。

この考え方は、古くは哲学者であるデカルトの「桶の中の脳」、ヒラリー・パトナムという哲学者が1980年代に唱えた「水槽の脳」という概念と共通する考え方で、映画『マトリックス』にあるような、後頭部のケーブルから電脳空間へコネクトして、脳内のイメージだけで現実世界のように活動するまさにあのイメージです。

たとえば、印象派の画家として有名なクロード・モネの晩年の作品を見てみると、睡蓮をモチーフとして描いた絵が全体的に赤みを帯びているものがあります。これは、晩年のモネが白内障を患っていたことも関係し、目に映る光景をそのまま描いた結果といわれています。

また、図1-8を見てみてください。

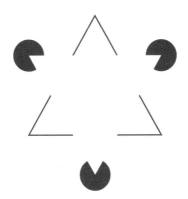

■ 図1-8　カニッツァの三角形

この図はカニッツァの三角形とよばれ、いわゆる錯視図形の一つです。この図の真ん中に白い逆三角形が見える人が多いのではないでしょうか。実際には枠線の三角形と一部が切り取られた円が3つ並んでいるだけなのですが、頭の中で勝手に処理され、白い三角形が像を結ぶように認識されているはずです。

　このように、図1-7に示したように人は環境自体を直接観測しているのではなく、環境から得られる刺激（この場合は視覚・光刺激）から、「環境らしきもの」を推論していると考えることができます。

人は状況につねに働きかけている

　「環境らしきもの」はあくまでも推論であるため、環境から受けた刺激が事前の推論と反することもしばしば起こります。この推論と実際の刺激との差は「環境予測誤差」[3]とよばれており、この環境予測誤差を極力小さくするために人（脳）はさまざまな行動をとっているといわれています。

　具体的に見ていくと、見た目があまりよくない食べ物を目の前にしたとき、気が進まないことがあると思います。このとき、目から入ってきた「見た目のよくない食べ物」の情報と、過去の「見た目がよくなかったもの」を食べておいしくなかったという経験が相まって、この食べ物の味をおいしくないものであろう、という推論を立て、不快になること

3　環境予測誤差については、自由エネルギー原理という近年注目されている脳の理論において変分自由エネルギーといわれており、自由エネルギー自体は神経生理学の分野における神経回路のコスト関数といわれる概念と対応関係にあると示されています。
Karayanni, M., & Nelken, I. (2022). Extrinsic rewards, intrinsic rewards, and non-optimal behavior. Journal of computational neuroscience, 10.1007/s10827-022-00813-z. Advance online publication. https://doi.org/10.1007/s10827-022- 00813-z

を避けるために気が進まないという心理状態になっていると考えることができます。意を決して食べてみて、その食べ物が好みの味だったとすると、「意外においしい」と驚きを感じると思います。

こういった経験を積み重ねていくと、次第に特定の見た目の悪い食べ物に対しても、「こういう見た目の食べ物は意外においしいこともある」と感じるようになり、初めて見た「気の進まなさ」を次第に感じなくなっていくこともあります。

ここで説明した、「食べてみたら好みの味だった」という驚き自体が、もともとの「まずそうである」という推論とのズレである環境予測誤差と考えることができます。この環境予測誤差を極力避けるため、脳はつねに2つのアプローチをとります。

一つは「環境らしきもの」を推論するモデル（生成モデルといいます）の変更・更新であり、もう一つは能動的推論[4]といわれる環境への無意識的な行動・働きかけです。先ほどの事例は、「食べてみる」という行動と、その結果に伴う「こういう見た目の食べ物は意外においしいこともある」という生成モデル自体の変更の2つが起こったと考えることができるのです。

この能動的推論を考察すると、環境予測誤差を減らすために、環境からただ刺激を受けるだけでなく、人側からも環境（状況）に働きかけ、その結果としての刺激をもとに生成モデルの変更有無を確認しているととらえることができます（図1-9）。このように、人はつねに環境（状況）に対してアンテナを張り、環境に対して働きかけを行っているといえるのです。

4　能動的推論はKarl J. Fristonが提唱している脳の情報理論である「自由エネルギー原理」に出てくる行動制御・意思決定に関する理論。

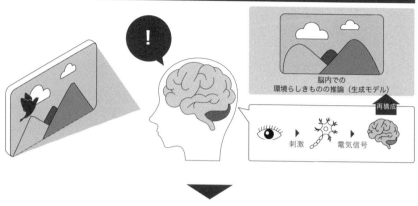

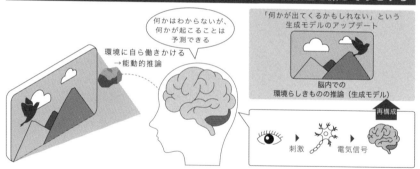

■ 図1-9　能動的推論

価値認識も「状況」の影響を受けている

　情動反応が起こる背景としての環境からの刺激や、環境に対する人の働きかけについて見てきましたが、最後に刺激に対する情動反応が快・不快のどちらに振れるのかについても考察していきます。情動は環境からの刺激によって起こるものですが、特定の刺激を「快」ととらえるか「不快」ととらえるかは「記憶」によって異なるといえます。

　脳は環境らしきものを推論しているという説明を前項で触れてきましたが、環境らしきものが快寄りなのか、不快寄りなのかの推論も行われています（図1-10）。

　この推論のベースは過去の経験やその経験に対して感じた感情などの「記憶」の集積であり、初見の刺激に対しても蓄積された何らかの観点で類似する記憶と照合して快寄りなのか不快寄りなのかの情動が起こっていると考えられます。記憶は過去の経験やその経験自体を振り返りどのように解釈したかの蓄積ととらえることができ、その人を取り巻く長い時間軸も「状況」として解釈することができます。

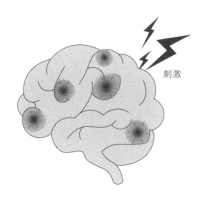

刺激

■ 図1-10　脳の複数部位が同時に発火するイメージ

　前項の例で述べた、見た目のよくない食べ物に対して、試してみて好みの味だったという経験が多い人は、快寄りの情動が生まれることになりますし、口に合わなかった経験ばかりの人にとっては不快寄りの情動が生まれることになるわけです。

　記憶に関する重要な点として、実際に起こった出来事・経験というだ

けでなく、その事象をどのように解釈したのかも重要な要素となります。たとえば、学生時代の部活動でとても厳しい練習漬けの日々を送っていたとします。この部活動の記憶をあとになって思い出したときに、「つらかったもの」としてとらえる人もいれば、その後の大会などで勝利した経験や、その後につながる友人関係構築の基盤になったものとして美化してとらえる人もいると思います。

　この違いはなぜ起こるのでしょうか。この背景には記憶の種類が複数存在し、種類ごとに担う脳の部位が異なることの影響があります。記憶という言葉を聞くと、過去の言葉で表現できる昔の思い出話などをイメージする方が多いと思いますが、自転車の乗り方のように身体の使い方に関する感覚や、テーマパークにある垂直落下する乗り物でよく感じる「胃が浮く感覚」など、言葉で表現できないようなものも含まれます。

　言葉で表現できるもの（陳述記憶）と言葉では表現できないもの（非陳述記憶）に分類されるなど、さまざまな種類に大別でき、格納される脳の部位もさまざまです。記憶といえば、海馬だろうと思う方もいらっしゃるかもしれませんが、たとえば感情にまつわる記憶は扁桃体という場所が担っているなど、記憶の種類ごとに担う部位もさまざまです。

　何かを思い出すという行為は、物理的に異なる脳の部位にしまわれている複数の種類の記憶が、同じ刺激で反応（発火）することを指します。同じ刺激に対して同時に発火する異なる部位のニューロンは、物理的な結びつきを強め、情報伝達が効率化されます（シナプスの可塑性）[5]。

　ある出来事について思い出す際、快の情動とセットでそのエピソード

5　1949年、カナダの心理学者であった Donald Hebb が自らの著書『The Organization of Behavior』（Wiley & Sons, 1949）の中で唱えた仮説。

を思い出せるか、不快な情動とセットで思い出されるかは、その出来事（刺激）に対してニューロンがどのように結合しているかによって異なるといえるのです（図1-11）。

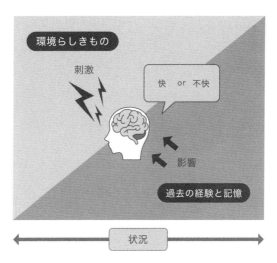

■ 図1-11　ある出来事について快と感じるか不快と感じるか

　プルーストの有名な小説『失われた時を求めて』は、紅茶に浸したマドレーヌの香りがきっかけとなりさまざまな記憶がよみがえる話ですが、授業で『失われた時を求めて』に関する課題を出されて苦労した経験がある方からすると、マドレーヌを目にしただけでその苦しさが思い出されることでしょう。

　同じ刺激を受けて同時に発火する記憶の種類は、物事に出くわしたその人のそのときの感じ方や解釈も含んだ人それぞれの経験というわけです。このように、**ある刺激に対しての情動が「快」寄りのものか、「不快」寄りのものかの違いは、長い時間軸での状況の影響を受けている**と

解釈できます。

価値はプロダクト・サービスがもつものではない

　価値を快情動の一つとしてとらえると、あらためて一つの疑問が生まれてきます。「プロダクト・サービスは価値をもつことができるのか」です。新規事業開発やマーケティング、営業に携わった経験がある方であれば、「この商品の価値は何ですか」と質問を投げかけられたり、あるいは自問したことがあるのではないでしょうか。どうしたら売れるのか、使ってもらえるのか、興味を惹けるのかと考えることはごく自然なことです。

　しかし、**価値を快情動だとすると、価値のある・なしとはプロダクト・サービスの特徴や属性そのものに依存するのではなく、使い手や検討主体である顧客の脳の中での反応だと解釈することができます。**「お金などのように絶対的に価値があるものだってあるじゃないか」と思う方もいらっしゃるかもしれません。ですがたとえば、災害によって食料が不足し食べ物がない状況ではお金よりも生きるために必要な食べ物に対して多くの人が価値を感じるでしょう。

　語弊を恐れず割り切っていうとバリュー・プロポジションにおける価値とは、プロダクト・サービスがもつ固有の特徴ではなく、使用したり検討したりする主体である顧客の脳内の反応であるととらえることができます。

　重要な補足として、**顧客が価値を明確に知覚するか否かにかかわらず、プロダクト・サービスの存在は人間ができることを増やし、知性や感性を拡張し、人類を豊かにしてくれているのは確かです。**ここで注目

したいのは、あくまでビジネスとしてのバリュー・プロポジションを考えるうえで、またはプロダクト・サービスを顧客に取り入れてもらううえでは、顧客の価値の知覚という観点が強くきいてくる局面があるということです。

価値は人が置かれた状況で変わる

たとえば、同じ映画を複数人で観に行ったとします。何人かは面白いという感想を述べ、また何人かは感動したといい、また何人かはつまらなかった・退屈だったという感想をもったとしましょう。これらはその映画に対して、価値を感じられた人・感じられなかった人の違いとして解釈することができます。この差はどこにあるのでしょうか。

面白かった・感動したと感じた人はその映画の原作となる作品を知っていて、退屈だった人は原作に関する知識がまるでなかったとします。この場合、原作を知っている・知らないという状況の違いが価値があると感じられるかどうかの差ととらえることができます。

また別の例として、テレビのグルメ番組を見ていて、お腹がすいているときに見るととても魅力的に映る料理の映像も、食べすぎたあとの胃もたれしている状態で見れば、胸焼けがする映像と感じることがあるかもしれません。同じ「人」でも状況が変わればとらえ方が変わり、価値の認識も変わることが示唆されています。このように、快情動の一つとしてとらえることができる**「価値」は、状況によってとらえられ方が変わりうる**ものなのです。

顧 客 に 注 目 す る

　ここまで、人の価値の認識や状況について説明してきました。あらためて顧客に価値を提供したい事業者としては、どのような考えをもって挑むべきでしょうか。

価 値 は 非 対 称 的 で あ る

　くりかえしになりますが、まず一ついえることとしては、**顧客が価値を感じるから、それは価値である**ということです（図1-12）。仕事の中で「製品のターゲットは○○で、提供価値は△△である」と定義することはよくありますが、いくら「これが価値である」と定義したところで、顧客がもしそう受け取らなかったら、それは価値でないことになってしまいます。

　つまり価値の認識においては、顧客が絶対的な権利をもっており、その点で顧客とつくり手はとても非対称的です。

　ビジネスにおいて、**価値は元来顧客の側にあり、企業はプロダクトやサービスをつくりますが価値そのものをつくっているわけではありません。**私たちがつくったものを、顧客に価値があると無理やり知覚してもらうことはできません。

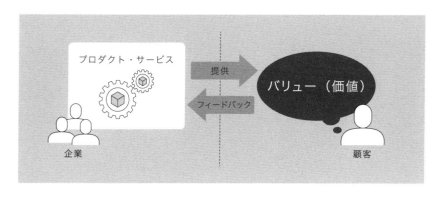

■ 図1-12　価値は顧客の頭の中にある

　もちろん提供者側も、価値について何も考えていないわけではありません。むしろ、提供物の価値については誰よりも真剣に考えていることでしょう。つまり、「顧客はこのような状況でこのような課題があるはずだから、このプロダクトはこう役に立つはずで、きっとこのような価値を感じてもらえるに違いない」というアイディアがきっと有効であると強く信じています。バリュー・プロポジションもこのようなある種の信念です。

　Belief（信念）とFaith（信仰）という英単語がありますが、Belief（信念）は通常、経験に基づく理由付けにより形成されるのに対し、Faith（信仰）は証拠や論理的な証明が不足していても、何かが真実であると信じる精神的な信頼や確信を指します。

　企業は信仰のもとに事業を行うべきか、信念をもとに事業を行うべきかはとても深淵な問いをはらんでいそうですが、こと顧客の価値やバリュー・プロポジションに対しては、企業はBeliefとしての信念をもとに、つねに顧客のフィードバックに裏打ちされたものであるべきです。

属性ではなく状況を見る

　価値とは顧客の状況に依存した経験のなかで生まれるのならば、その経験のなかにこそヒントがあります。そこでは、あらためて顧客の「状況」という視点が役に立ちます。

　ビジネスにおいて、顧客の状況を分析するという視点を提唱したのは、もちろん筆者らが初めてではありません。世界的に有名な「破壊的イノベーション」の提唱者であり、ハーバード・ビジネス・スクールの元経営学教授のクレイトン・クリステンセン氏も早くから顧客の状況について言及し、『イノベーションへの解』（マイケル・ライナーとの共著、翔泳社、2003）の中で、以下のように述べています（太字は筆者）。

　　*"製品のターゲットを顧客そのものではなく、顧客が置かれている状況に絞る企業が、狙い通り成功する製品を導入できる企業である。別のいい方をすれば、かぎとなる**分析単位は、顧客ではなく状況なのだ。**"*

　「分析単位は、顧客ではなく状況なのだ」というのは、一体どういうことを意味するのでしょうか。ここでいう「顧客」の意味は属性、年齢や性別などの属性情報を中心につくられた人物像のようなものを指しています。そのような顧客像ではなく、状況を分析するとはどういうことなのでしょうか。

　たとえば、近年リモートワークはもはやスタンダードな働き方になっており、リモート会議が多いせいか骨伝導イヤフォンを購入される方を

よく見かけます。この骨伝導イヤフォンの架空のターゲット定義として、属性に着目して書いたものと、状況に着目して書いたものを比較用にそれぞれ用意してみました。

図1-13の左側は属性に着目して書いたものです。性別・年齢・仕事の状況などを記載しています。ここには書いていませんが、おそらく事前に2軸などでセグメントが切られたうえで、そのセグメントを代表する形で記述されることが多いと思います。どういった属性情報まで記述するかは場合によりけりですが、一般的にはこの程度のことを書くと思います。

図1-13の右側は状況に着目して書いたものです。リモート会議における環境についてや、とくにイヤフォンの利用の現状などについては詳しく書かれています。あえてペルソナをイメージさせる写真などは省いています。

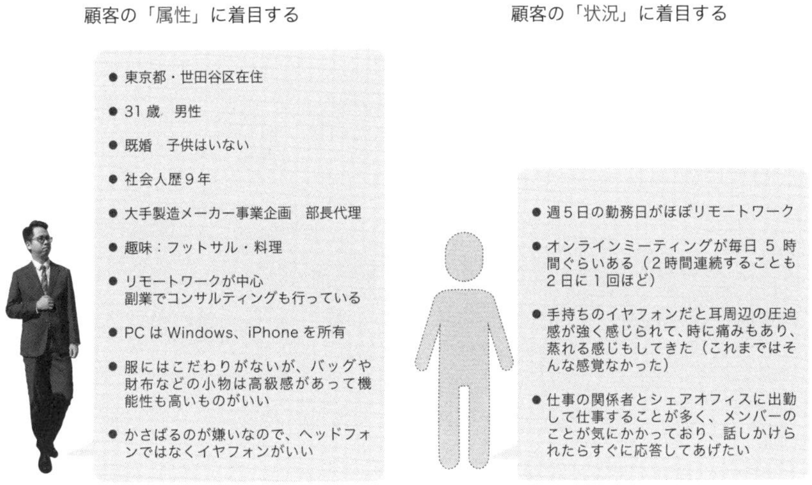

顧客の「属性」に着目する　　　　　　　　　　顧客の「状況」に着目する

- 東京都・世田谷区在住
- 31歳　男性
- 既婚　子供はいない
- 社会人歴9年
- 大手製造メーカー事業企画　部長代理
- 趣味：フットサル・料理
- リモートワークが中心
  副業でコンサルティングも行っている
- PCはWindows、iPhoneを所有
- 服にはこだわりがないが、バッグや財布などの小物は高級感があって機能性も高いものがいい
- かさばるのが嫌いなので、ヘッドフォンではなくイヤフォンがいい

- 週5日の勤務日がほぼリモートワーク
- オンラインミーティングが毎日5時間ぐらいある（2時間連続することも2日に1回ほど）
- 手持ちのイヤフォンだと耳周辺の圧迫感が強く感じられて、時に痛みもあり、蒸れる感じもしてきた（これまではそんな感覚なかった）
- 仕事の関係者とシェアオフィスに出勤して仕事することが多く、メンバーのことが気にかかっており、話しかけられたらすぐに応答してあげたい

■ 図1-13　属性による記述と状況による記述

属性記述のほうを見ると、みなさんの頭の中でこの対象の人物像がありありと立体的に立ち上がってくるかもしれません。確かに、こういう人いるよなと。一方で、リモート会議において課題意識があり、すぐにでも骨伝導イヤフォンを検討する可能性があると因果関係も含めて想起できるのは、右側の状況記述のほうではないでしょうか。

　この状況にいる方が、耳をふさがない形のイヤフォンを好みそうなことは容易に想像がつきます[6]。リモート会議の頻度が高いものの、人との会話も頻繁なので、つねに外の会話も聞こえやすいオープンイヤーの骨伝導型がさらに相性がよさそうです（図1-14）。

■ 図1-14　オープンイヤーの骨伝導イヤフォン
（出典：https://jp.shokz.com/products/openfit）

　さらにいうと、この状況に置かれた方であれば誰しも同じ不快感に共感するのではないでしょうか。もっというと、おそらく**年令や性別のような属性を問わない**のではないでしょうか。60歳男性であろうと、42歳の女性であろうと、もしくは22歳の大学生インターンであろうと、この状況に置かれた人であれば、骨伝導イヤフォンに関心をもつ可能性があ

6　この視点は、実は骨伝導の「機能」から考えた後付けともいえます。詳しくは第3章でご説明します。

ります。

　属性はその結果（モノの購入や使用を選択するなど）との相関関係について明らかにしてくれることはあるでしょうが、因果関係が明らかになったと感じることはありません。これと同様のことを、クリステンセン氏は前述の書籍（『イノベーションへの解』）の中でこう述べています。

　　"属性ベースの区分に基づく理論は、属性と結果の相関関係を明らかにすることはできる。だが、製品にどのような特長や機能を付加し、どのようにポジショニングすれば、顧客に買わせることができるかを示すのは、状況ベースの分類化（細分化）手法に基づく、確かな因果関係を示すマーケティング理論だけなのだ。"

　このように、**「状況」というとらえ方は、顧客がいままさに満たされていない状況を客観的に見て、その状況を構成している要素の因果関係を十分説明しようとするもの**です。そこにおいて属性定義が必ずしも問題というわけでないのですが、属性情報だけでは顧客の選択における因果関係が十分腹落ちしにくいというわけです。

企業は新しい状況を提案する

　顧客は現在の状況への慣れを振り切って、新しい魅力的な状況へと進歩を遂げますが、肝心の新しい状況とは何かについて、顧客側にありありとイメージやアイディアがあるかというとそうとも限りませんし、多くの場合は聞いても出てきません。顧客の状況を外側から見ている提供者側の創意工夫がまさに求められるところになります。

もっというと、顧客の課題の背景にある状況を知ったことを機に、そこからどんな状況に変えていきたいかというのは、むしろ事業者側のアントレプレナーシップ（起業家精神）や意志として出てくるものです（第3章参照）。

　また、ジョブ理論研究家であるアラン・クレメント氏は、著名なゲーム開発者でプログラマー・教育者のキャシー・シエラ氏の言葉を引用して、企業のあるべきスタンスについてこう述べています（和訳は筆者）。

　　"プロダクトをアップグレードするのではなく、ユーザーをアップグレードするのです。よりよいカメラをつくるのではなく、よりよいフォトグラファーを生み出しましょう"
　　(Upgrade your user, not your product. Don't build better cameras──build better photographers.)

　さらに本書のスタンスでいうと、ユーザーをアップデートするのではなく、ユーザーの状況をアップデートし続けるのです、ということになります。顧客がプロダクト・サービスを購入して使用できればニーズが万事満たされ、それでおしまいといったようなものではなく、ともに「ありたい姿」に向かって模索しながら、その進歩を共創し続けることです。

　第1章では、バリュー・プロポジションのバリューすなわち顧客価値について、状況という視点を取り入れる考え方を説明しました。顧客が価値を認識する主体であり、原理的には企業は価値をつくれないものの、状況に共感しながら顧客に価値提案をし続ける中で、顧客の生活に

取り入れてもらえるプロダクト・サービスをつくり、新しい状況をつくる努力をしていくことになります。

第2章では、顧客への価値提案にむけた考え方について紹介します。

他者理解にまつわるバイアス──帰属バイアス

　そもそも、私たちは他者を理解することにどれぐらい長けているのでしょうか。心理学的な研究によると、実は人は他人の行動を原因づけるにあたって完璧でないどころか、**帰属バイアス**という偏りがあることが知られています（図）。

　たとえば、同僚が会社に遅刻しているのを見かけた際、あなたはどう思うでしょうか。「彼はズボラなところがあるからな」「自制がきかないところがあるからな」などと、**その人の行動の要因を、性格や価値観など"内的な要因"に求めやすい傾向がある**といわれています。

　一方で、自分が遅刻しそうな場合を考えてみてください。月曜の朝寝坊して、猛ダッシュで電車に乗ったがもはや遅刻が確定している状況であり、上司に伝える遅刻の理由を全力で考えているような状況です。たとえば「電車が遅れていました」とか「最近忙しくて体調が……」といったように、**自分の行動を評価する際には、外的な状況要因を過大評価し、自らの気質の影響は過小評価する傾向にある**ようです。

他人の行動を解釈するとき

▶「属性要因」を過大評価

「彼はズボラなところがあるからな……」

自分　→　他人

自分の行動を解釈するとき

▶「状況要因」を過大評価

「最近忙しかったからな……」

自分

■ 図　帰属バイアス

サービス・ドミナント・ロジック

　サービスマーケティングで世界的に著名なロバート・ラッシュ氏とスティーブン・バーゴ氏らが提唱する「サービス・ドミナント・ロジック」（S-Dロジック）という考え方は、製品に価値があるのではなく、価値とは受け手が経験的（より専門的には現象学的）に感じとるものであり、さらにいうと価値とは企業と顧客の共創的なものであると提唱します。

　S-Dロジックがその考え方の大前提として明記している公理について、ご紹介します。

公理1：サービスが交換の基本的基盤である

ビジネスは商品を売ることではなく、顧客に何らかのサービスを提供することを通じて価値を生み出すという考え方を示しています。つまり、価値は製品自体によるものではなく、それが顧客に提供するサービスによるものであるという視点です。

公理2：顧客はつねに価値の共創者である

価値は単に企業が顧客に提供するものではなく、顧客自身が参加して創出するものであるという考え方を示しています。つまり、顧客はアクティブな価値創出の参加者であり、彼らのフィードバックや使用方法などにより、製品やサービスの価値が形成されるという視点です。

公理3：すべての経済的および社会的アクターが資源統合者である

価値創出にはさまざまなアクター（企業、顧客、パートナーなど）が互いに資

源（時間、技術、知識など）を統合し、協力することで実現するという考え方を示しています。つまり、単独の企業だけでなく、さまざまな関係者が協働して価値を創造するという視点です。

公理4：価値はつねに受益者によって独自にかつ現象学的に判断される

価値が一概に定義できる絶対的なものではなく、それを利用する個々の受益者によって異なる視点から評価され、体験されるという考え方を示しています。つまり、顧客一人ひとりの体験や感じ方が価値の最終的な評価を決定するという視点です。

S-Dロジックの考え方は非常に「関係的」です。たとえば、食物（魚や穀物）や製品（冷蔵庫やトースター）などは「グッズ」とよばれ、これまでの経済はこのグッズがグッズと交換できることを価値としてまわってきたといいます。

しかし、彼らのS-Dロジックでは、グッズはあくまでサービス提供のための媒介手段でしかないと考えます。たとえば医療はサービス的な側面があると思いますが、医師が患者に処方した薬（グッズ）も、医療というサービス行為を手助けする装置としてとらえます。さらに、医療サービスにおいて、価値を生むのは医師単独ではなく、患者とのインタラクションの中で価値を共創していると、価値を関係的にとらえています。

本書も、顧客と状況とプロダクト・サービスの関係の中で価値をとらえており、構造的には多くの側面でS-Dロジックをフォローするものと考えています。

第 2 章

状況と体験

　顧客が特定の状況で知覚する価値は、一見すると顧客ごとの個別性が高くてなすすべがないようにも見えます。提供者サイドはどのように向き合っていけるのでしょうか。

　第2章では、顧客の状況により実践的にアプローチするとっかかりとなる考え方の枠組みを紹介します。

時間軸で価値をとらえる

人が状況を変えたい動機

　人はなぜ状況を変えたいと思うのでしょうか。これは深く考えるとなかなか難しい問いですが、ジョブ理論の提唱者の一人であるボブ・モエスタ氏によると、シンプルに3つの動機があるといいます[1]。

① 機能的な動機

　ある目的を達成するプロセスの煩雑さ。たとえばSNSに写真を投稿する際、アップロードに毎回30秒かかるとイライラすると思います。これはアプリを乗り換える動機になりそうです。

② 感情的な動機

　あるプロセスを遂行する際に生じている気持ち、内面的な感情で、希望や恐れといったもの。たとえば、ある資格試験に合格したいと勉強し

1　Bob Moesta, Demand-Side Sales 101: Stop Selling and Help Your Customers Make Progress, Lioncrest Publishing, 2020.

ている際、高い得点を得たいだけでなく、実は家族によりよい生活をもたらすことを願っているかもしれません。これは行為への強い動機になります。

③ 社会的な動機

他者（または自分自身）が、自分をどう思っているかといった、人と人との関係における尊厳や承認欲求といったもの。資格試験に合格することで、知人や家族が自分を誇りに思ってくれるかもしれません。こちらも同様に行為への強い動機になりそうです。

ある状況において行為する際、少なくとも上記のような側面で損なわれる（つまり不快である）と、その状況をよりよく変えたい（つまり別のアプローチに変えたい）という動機につながっていきます。こういったモデル化は人の行動の背後にある動機を簡素にとらえるものですが、人の価値とは何かを知るとっかかりとして有用です。次に、こちらとよく似たものですが、人の価値の知覚について参考となりそうなモデルをもう一つご紹介します。

モノへの価値の知覚の仕方

UXやデザインに関する人の認知や心理について先駆的な貢献をされたドナルド・ノーマン氏は、著書『エモーショナル・デザイン』（岡本明他訳、新曜社、2004）において、デザインがどのように人々の情動を触発し、それが製品やサービスの使用体験にどのように影響するかについて、3つの段階があるといいます。

"ノースウェスタン大学心理学部で同僚だったアンドリュー・オートニー教授とウィリアム・リヴェール教授と共に行った情動に関する研究から、これらの人間の特性は、脳機能の3つの異なるレベルに起因することが示されました。一つは自動的で生来的な層であり、本能レベルとよびます。次が日常の行動を制御する脳の機能を含む部分で、行動レベルとして知られています。もう一つが脳の熟考する部分、すなわち、内省レベルです。"

　ノーマン氏はこのような研究をもとに、モノのデザインには3つの側面があるとし、「本能レベルのデザインは見かけに関わっている。（中略）行動レベルのデザインは使うときの喜びと効率に関係がある。内省レベルのデザインは製品を合理的なもの、知性的なものにすることに関わる。その製品にまつわる物語を語れるか。私の自己イメージやプライドに訴えるか。」と考えました（図2-1）。

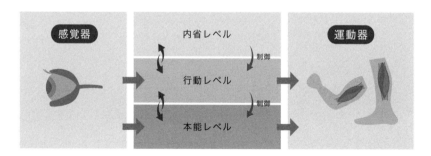

■ 図2-1　ドナルド・ノーマンの情動分析 [2]

2　ドナルド・ノーマン著、岡本明他訳『エモーショナル・デザイン』新曜社（2004）

語弊を恐れずわかりやすくいい換えますと、本能レベルは見た目が美しい、感情に訴えるものがあるもの、行動レベルは使っていてよさを感じる・満足できるようなもの、内省レベルは使ったあとに振り返る自分にとっての意味や意義などといった異なる次元の価値の知覚の違いとしてとらえることができます。

顧客の体験における価値の知覚

　このような本能・行動・内省の価値の知覚は、顧客がプロダクト・サービスを体験する時間軸のさまざまなタイミングの中で生じるものです。たとえば、プロダクト・サービスを初めて知って興味をもったとき（使用する前）、それを実際使って体感するとき（使用中）、そして使いながらまたは使った後に自分を客観的に振り返る際（使用後）などに、このような価値の知覚がそれぞれ生じます（図2-2）。

　プロダクトの広告で実物を見て本能レベルの知覚が生じるでしょうし、好きなタレントがそれを使っているさまを見て自慢できそうなどと内省レベルの知覚が生じるでしょう。また、使用中にはそれぞれの知覚が数秒の差で生じていくことでしょう（美しい製品だな→使いやすい・楽しい→こんな暮らしって素敵だな、など）

　新しい自動車を買う際でいうと、見た目やデザインのかっこよさに惹かれる側面（本能レベルの情動）と、走行性や安全性などの使用時を意識した魅力に惹かれる側面（行動レベルの情動）があると思います。また実際に試乗したり購入した後では、乗車する中で感じられる音の静かさや加速時の応答などを実感したり（行動レベル）、過去の車よりグレードが高く周囲の他の車と比べて自慢に思ったり（内省レベル）といった情動が起こり

体験の流れ（イメージ）

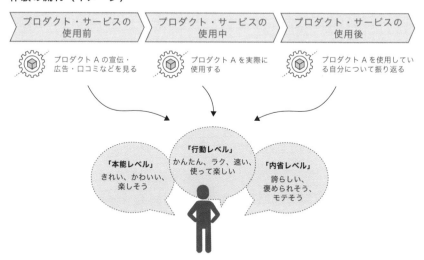

■ 図2-2　体験の流れの中で「価値」の知覚が生じる

ます。乗車後も運転中の走行性を振り返ったり（行動レベル）、同僚と話しているときにその自動車をもっていることが思い出されて何だか自信がわいてきたり（内省レベル）といった心の動きが起こります。

　これらを整理すると、使用前・使用中・使用後といった時系列で価値をとらえることで、少し価値を構造的にとらえることができるようになります。本書では**時系列で顧客が体験する一連の価値を「体験価値」とよびます。**

顧客の状況シフトをとらえる
4つの力

体験価値を分解する観点

　ここからは少し俯瞰して、顧客が現在の状況からよりよい状況にシフトしていくという体験の中で起きていることを見てきたいと思います。人が現在の状況を変えようと思う際に、快情動に近づこうとする動き（快情動行動）と不快情動を遠ざけようとする動き（不快情動行動）を4つの力の働きとしてシンプルにとらえるものです。

　本章の冒頭でも引用したボブ・モエスタ氏が提唱する図2-3の「顧客プログレスの4つの力」[3]は、顧客が現在の状況を進歩させるプロセスを描いたものです。モエスタ氏は第1章でも紹介したクリステンセン氏と共同して「ジョブ理論」を生み出した重要人物で、クリステンセン氏の盟友だったといえる存在です。

3　The Four Forces of Progress の筆者訳です。
Moesta, Bob. Demand-Side Sales 101: Stop Selling and Help Your Customers Make Progress, Lioncrest Publishing, 2020.

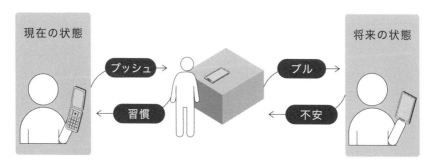

■ 図2-3　行動前から行動に至るまでのプロセスを描いた「顧客プログレスの4つ
　　　　の力」

4つの力のバランスが行動を決める

　顧客プログレスの4つの力は新しいプロダクト・サービスを介して、
現状から新しい状況に移るプロセスを、4つの力のバランスにより、顧
客が行動に移す・移さないが決まると考える枠組みです。
　具体的には以下のような力が働くと考えます。

　　① 現状を脱したいというプッシュ（Push）
　　② 慣れ親しんだ現状の方が楽でいいという習慣（Habit）
　　③ 魅力的な新しい体験に惹かれるプル（Pull）
　　④ 新しい体験に対する不安（Anxiety）

　プッシュ＋プルの力（右向き）の合計が、習慣＋不安の力（左向き）の合
計よりも上回っていれば、新しい体験に移行し、逆であれば現状のまま
にとどまると考えます。
　たとえばスマートフォンの新しい機種が発売されたとして、いまのス

マートフォンの不具合や傷、バッテリーのもちの悪さや使いづらさから逃れたいという思いがプッシュ、新しいスマートフォンのデザインのかっこよさ、メモリやプロセッサーのスペックのよさなど魅力的に感じるポイントがプル、一方で、アプリがどこにあってどう操作すればいいか慣れ親しんでいることから離れたくない引力が習慣であり、新しいスマートフォンで逆にいまできていることができなくならないかといった不安もある、というわけです。

　この場合、プルだけに注目して新しいスマートフォンのスペックやデザイン性をいくら押し出しても、それ以上に不安や習慣の引力が強かった場合、購入に踏み切れません。

　また、「新しい体験」は必ずしもプロダクト・サービスである必要もありません。たとえば極端な話、自力でスマートフォンを改造して求めるスペックに引き上げるといった、消費活動を伴わない（無消費）活動で代替することも選択肢となりえます。

　顧客の行動の背景にはこの4つの力のバランス関係が重要な要因として存在し、これまで見てきた情動行動は、4つの力をより理解するのに役に立ちます。

　新しい状態（新しいプロダクト・サービスをもつこと・使うこと）に対する快情動行動がプル、不快情動行動が不安、現状に対する不快情動行動がプッシュ、快情動行動が習慣と見なすことができます。そしてこれらは、すべて無意識下の心の動きととらえることができるのです。

4つの力の関係性

4つの力はどのように作用するのか

　プッシュ・プル・習慣・不安という4つの力は、同時に作用することもあれば、順を追って作用することもあります。ここでは、筆者が経営に参画している会社のオフィス移転で起きたことを具体例に解説します。

　創業当初、筆者は数人のメンバーでとあるマンションの一室をオフィスとしていました。このマンションの1階には飲食店が入居していたせいか虫が発生しやすく、エレベーターをつたってオフィス内にゴキブリが侵入してきて、社員がゴキブリと対面してしまいました。それ以来、女性メンバーを中心にオフィスに誰も寄り付かなくなってしまい、どうしようもない場合のみ我慢してオフィスを使い、その他はカフェなどで作業をするという非効率な状態となってしまいました。

　こうした経緯からオフィスを移転することが決まり、結果的に東京駅に近いシェアオフィスに落ちつくことになりました。このシェアオフィスはメンバーの一人が使用したことがあり雰囲気もよかったので、オフィス移転は滞りなく終わりました。

それから3年後、メンバーが増えて手狭さを感じていたものの、費用負担などの観点からしばらくは同じシェアオフィスにいる予定でしたが、新しくできたセットアップオフィス（工事不要で備品や内装が最初からセッティングされている初期費用の安いオフィス）の営業を受け、見学に行ってみることになりました。すると、思ったよりも安価にワンフロアを借りることができるとわかりました。この情報は、当時のメンバーらのオフィスに対する不満や不足点を吐き出す契機となり、再びオフィス移転が現実味を帯びるようになります。そして、移転先のエリア条件を中心とした比較・検討の末に無事に移転先を決めることができました。

　このオフィス移転のエピソードから、4つの力の関係性について3つの考察を導くことができます。

　　① プッシュと習慣のバランスのみでも人は行動に移る
　　② 選択肢の外にあるものは考慮されづらい
　　③ 使い始めると不安は不満に変わる

　以下で順番に見ていきましょう。

プッシュと習慣のバランスのみでも人は行動に移る

　まず1回目のオフィス移転、マンションの一室からシェアオフィスへの移転のプロセスを見てみましょう。この移転を決めた直接的な原因は、ゴキブリの侵入により、当時のオフィスからメンバーの足が遠のいたことでした。これは現状に対する不快情動行動といえます。もちろん費用面など複数の観点で、現状維持の理性も多少は働いていましたが、

それ以上にオフィスに集まれないことの「負」が大きく、プッシュ＞習慣となり、どこにするかを決めずに移転することが決まりました。

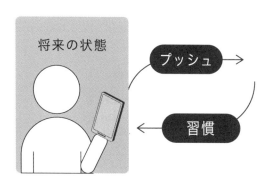

■ 図2-4　プッシュと習慣のバランス

この例から考えられるのはそもそも新しい体験の提案がなくても、顧客は行動に移す可能性があるということです。日頃からプッシュと習慣の拮抗、いい換えると、いまを変えたいという気持ちといまのままでいいという気持ちのせめぎ合い（コンフリクト）が起こっていると考えられます（図2-4）。

とくに現状がそのまま長く続くと、「慣れ」が「飽き」につながり、むしろ変化を求めてプッシュのベクトルを刺激する力が働きます。現状維持を示す習慣のベクトルの強さはあるときからあまり変化がなさそうですが一方で、時間とともに状況が刻一刻と変わる中でプッシュのベクトルは強くなっていき、結果として新しいプロダクト・サービスといった刺激がなくても、現状を脱することを決めてしまうことがあると考えられます。

選択肢の外にあるものは考慮されづらい

　続いて、1回目の移転と2回目の移転のときの候補となる選択肢の考え方について見てみましょう。1回目の引っ越しではシェアオフィスだけを探索し、2回目の移転の最初もセットアップオフィスのみで候補を探していました。世の中のオフィスのあり方は多様であり、セットアップオフィスやシェアオフィスだけでなく、ワンフロアの一部の領域を借りるものもあれば、居抜き物件を借りることも、物件を借りて自分たちでレイアウトして好きなデザインにすることもできました。

　それでも、1回目、2回目の双方とも選択肢が限定的だった背景としては、他の選択肢を探そうという発想がなかったことです。これは、他の選択肢の費用がどうも高そうで条件に合わないのではないかというバイアスもあれば、そもそも「知らなかった」ということもあります。このように当初持ち合わせている範囲内でしか候補となる選択肢を検討しようとしないことは、非常によくあります（図2-5）。

認知されている範囲の選択肢のみが候補

「業者をよぶ」などの選択肢は
そもそも認知の範疇外

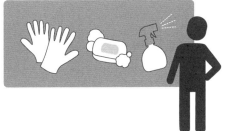

行動すると決めてからは認知している範囲の選択肢の中からしか選べない

■ 図2-5　行動変容プロセスのポイント

そもそも人間は、確証バイアス（仮説や信念を検証する際にそれを支持する情報ばかりを集め、反証する情報を無視または集めようとしない傾向）が働きやすく、当初もっている選択肢だけでは不十分である可能性に目が向きづらいこともあり、最初から念頭に置かれている選択肢以外をとらえることは非常に難しいのです。

　ビジネスの現場では、対象とする顧客の中ではどのような選択肢が候補に挙がっているのか、挙がっていない場合はどのようにアプローチすれば選択肢に入ってくるのかという観点が重要なので、ただ認知をとればいいというわけではなく、検討が始まる段階で候補に入るための手はずを考える必要があるということです。

使い始めると不安は不満に変わる

　1回目のオフィス移転を終えて、移転先のシェアオフィスで数年過ごす過程について見ていきましょう。引っ越し当初の状況としては、未知の状態に対する不安（Anxiety）が、実際に体験してみた後でわかる使用中・使用後の不満（Dissatisfaction）に変わります（図2-6）。

　仮にこのタイミングで不満が大きければ、別の選択肢を探しなおすということもあったでしょう。今回例に出したオフィス移転でも、定着するまでは過去の状態がマンションの一室、現在の状態はシェアオフィスですが、新しい状況が定着して落ち着いてくると、つまりシェアオフィスは過去の状態となり、そこにおける不満は現状を変えたくなるプッシュの力につながっていきます。

　この概念の整理はサブスクリプション系のサービスを検討する際に非常に有用な議論となります。多くのサブスクリプション系のサービスは

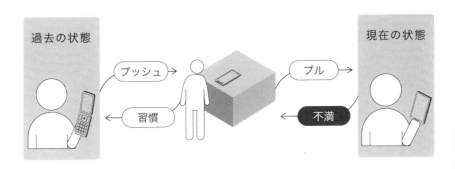

■ 図2-6　実際に使い始めると、不安が不満に変わる

　無料のトライアル期間があり、その期間中に使ってみて、体験の良し悪しを感じ、継続するか否かを決めることができます。トライアル前の段階では不安という不快情動行動が見られる一方で、トライアル後、または課金して最初の数週間程度の期間は、継続するかどうかの見極め期間と考えられます。

　この期間中に不満や習慣の力のほうが、プッシュ・プルよりも大きい力になると、当然解約行動につながります。このように、長い体験のプロダクト・サービスの検討においても4つの力の関係性を理解することで、適切な課題の設定や打ち手の検討がしやすくなります。

体 験 価 値 と 状 況

状況への着目が体験価値の検討をドライブする

　顧客体験を理解する際の見方として、ミクロには本能・行動・内省といった知覚のレベルがあり（さらに細かく見ると第2章のような脳内の情動反応）、マクロに見ると状況変化を受け入れる際の4つの力があるとご紹介しました。

　これらの枠組みは考え方としてとても有効ですが、この枠組みにかけ算してさらに強力なのが、くりかえしになりますが「顧客の状況」を知ることです。顧客が置かれた状況をとらえることで顧客体験について言語化も進み、一歩踏み込んで顧客の気持ちを予測できるようにもなります。顧客が何を感じているか、何を欲しているのかをいい当てることは、そもそも顧客当人でさえも言語化しづらく難しいものです。また、とくに実際のプロダクト・サービスを使用する際の体感的な価値の知覚は、実際に使用した人でないと生じえない情動であるため、事前に検討することの原理的な難しさがあります。

　ですが、**使うシーンやその背景となるコンテクスト・状況を事前に理解することで、体験価値についても仮説を立てられる**ようになります。

たとえば、土曜日のお昼時に家族が目の前にいて、「お腹がすいたので何か食べたい」といってきたとします。その場合、あなたは何をすすめるでしょうか。この情報だけだと、手元にあるものの中から適当に「インスタントラーメンがあるけど食べる？」といった形で聞いてみることしかできません。本人に何を食べたいか聞いても、あなたが提供可能なものを回答してくれるかわかりません。

一方で、相手の状況を理解していると話が変わってきます。仮にその家族が、朝から何も食べておらず、それが前日金曜日の飲み過ぎによる二日酔いが原因だったとします。そうすると、さっぱりした、二日酔いでも食べることができる胃腸に優しい料理を、手持ちの食材でつくれるものから提案できるようになります。

また、使用価値についても状況をとらえることで言語化がしやすくなります。某ビジネスパーソン向けのウェブメディアについて、有料会員から解約した人に対するインタビュー調査をしたときの事例です。解約理由のアンケートによると「家計の見直し」が圧倒的に多かったので、料金の高さが課題なのではないかと議論されていました。

ところが、実際にインタビューをしてみるとまったく違うことがわかってきました。前提として、そのメディアの購読者は記事から得られた情報を仕事で活用できていることに対して価値を感じていることはわかっていました。そういった背景から、解約した人の仕事の状況について聞いていくと、実は解約者の大部分が異動や転職によって業務内容そのものが変わっており、従来の使い方のままでは「業務で使えない」状況に陥っていたことが明らかとなったのです。

こうした状況をとらえると、議論すべきことは料金体系の見直しというよりも、新しい業務でも再び活用できるような体験の設計に変わって

きます。このように、体験価値の理解には状況に着目することがポイントといえるのです。

状況をとらえるということは刺激の前後を押さえること

　状況には2つの種類があります。一つは「いまを変えたい」と思ったときの「いま」の状況で、これを本書では「状況A」とよびます。もう一つは実際に使ってみたり（行動）、その後内省したりして生じる新しい状況で、これを「状況B」[4]とよびます（図2-7）。

　この2つの状況は分けて議論する必要がありますが、体験価値の検討においてはとくに「状況B」を見落としてしまいがちとなるため注意が必要です。

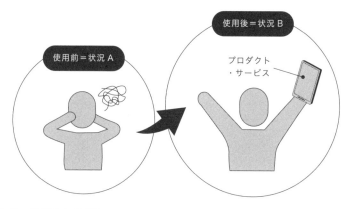

■ 図2-7　状況Aと状況B

4　状況Bは、プロダクト・サービスをもった後の状態を指します。状況Bについて考える際、状況Aよりもよくなっている状態をイメージしがちですが、何かしらのプロダクト・サービスを使った結果、状況Aよりも悪い状態になることも当然ありえます。

一般的に、利用者である人は、プロダクト・サービスを利用して、何らか効用を得ます。しかし実際はもう少し複雑で、プロダクト・サービスを利用することで、使う側の人間も影響を受け、変化しています。たとえば、パソコンでExcelなどを使えるようになった前と後では、Excelで作業が楽になっただけでなく、そこで短縮できた時間をさらに別のことに当てることができている、という状況の変化が生じているのです。

　このように、状況をとらえる際は刺激の前後、プロダクト・サービスを利用する前だけでなく、使用した後の状況にも着目する必要があります。使用前の状況と使用後の状況の差分を把握することで、体験価値の言語化が促進できるのです。

状 況 と ニ ー ズ の 関 係 性

体験価値とニーズ・ウォンツ

　第2章の最後に、顧客の価値と同時に言及されやすいニーズやウォンツについても言及しておきます。ニーズやウォンツについては実際さまざまな定義がありますが、本書ではマーケティングの大家であるフィリップ・コトラー氏の定義にならい、以下のような定義として話を進めます。

- ニーズ：人が生活するうえで必要な充足感が満たされていない
  状態（一般的に欲求が生じている状態といい換えることができる）
- ウォンツ：ニーズを満たす特定の物が欲しいと感じる欲望

　先ほどのオフィス移転のエピソードでいうと、「清潔なオフィス環境が欲しい」という欲求を「ニーズ」とよび、「シェアオフィスやセットアップオフィスを借りたい」という具体的な選択肢を求めることを「ウォンツ」とよびます。

　ニーズやウォンツは、バリュー・プロポジションとセットで出てきそうな耳なじみのある言葉だと思います。具体的な解決策の選択肢であるウォンツから体験価値を類推することの難しさは想像に難くないとは思いますが、「ニーズ」を深掘りしても体験価値にたどり着くのも実は非常に難しいといえます。

　本章で何度も述べてきているように、体験価値は使用前の価値と使用価値に分けることができ、とくに使用価値は「使ってみないとわからない」という事前の欲求把握が難しい概念となっています。使用前の価値を検討するうえでは「必要な充足感が満たされていない状態（≒理想と現状の差分である欠乏状態）」であるニーズも十分有用に機能すると考えられますが、使用中・使用後までを見据えた体験価値の検討においては片手落ちとなってしまいます。

ニーズの前に状況がある

　プロダクト・サービスの開発やマーケティングの世界では、顧客のニーズは重要です。ニーズの違いによって顧客の選択行動が変わるので

当然大事ですが、さらに顧客の状況という見方を取り入れると、顧客の状況的な背景がニーズを発露するきっかけ（トリガー）となるという関係性が見えてきます。

たとえば、CMに喚起されて「新しいスマートフォンが欲しい！」と思うこともあります。ただ、これまで述べてきた体験価値や4つの力の話を振り返ると、それだけではないことがよくわかります。

いまを変えたいと思う気持ち（プッシュ）と変えたくない気持ち（習慣）のバランスが前提にあり、いまを変えたいという気持ち（プッシュ）が勝ることで初めて現状を変えようとする行動が生み出されます。また、CMを見てニーズが喚起されるというシーンでも、その前にはプッシュと習慣の力の均衡が前提として存在すると見るべきでしょう。

つまり、ニーズを考える前にまず「既存の状況（状況A）」を考える必要があるのです。状況Aを深くとらえることで、顧客の期待（使用前価値）の立ち上げによりアプローチしやすくなります。

とはいえ期待だけを高めすぎて、相対的に使用価値が低下してしまうことは好ましくないこともすでに指摘しました。期待を適切に調整する必要があり、そのためにも実際に使ってもらったあとで生じる使用価値をデザインしておく必要があります。

使用価値は状況Bがどんな状況なのかを考えることから導き出されますので、状況Bを深く考察する必要もあります。また状況が変わるとニーズやウォンツも変わるので、いったん使用価値をデザインしたらそれで終わりということはなく、刻々と変わっていく状況をとらえながら、使用価値もその都度デザインしていく必要があります。

これは先ほど述べたように、使用価値は顧客との共創で生まれるものであり、顧客からのフィードバックがあって初めて言語化できる部分が

大きいからでもあります。フィードバックから使用価値を再デザインできるということなのですが、再デザインすることでまた新たな状況が生み出されて、新しいフィードバックをもらえる、そしてそのフィードバックがまた新たな状況を生むというサイクルが生じることを意味します。

したがって「バリュー・プロポジション」も一度定めたら終わり、という静的なものととらえるのではなく、**現実的には「バリュー・プロポージング」、つまりバリューをプロポジションする創造サイクルを回し続けるという動的なもの**であると心がけるべきなのです。

以上で、本書が提言する「広義のバリュー・プロポジション」をつくるうえで必要となるバリューの説明は終わりです。しかしニーズやウォンツあるいは状況だけでは、実は大事なピースが一つ抜けているため、まだバリューを形にすることはできません。

次章ではそれらのピースである「機能（資源やリソース）」について触れながら、バリューをどうやって形にしていくかを考えていきます。

顧客フォースモデル

　米国のシリアルアントレプレナーで、国内でも『Running Lean』（オライリージャパン、2012）の著書で有名なアッシュ・マウリャ（Ash Maurya）氏は、『ジョブ理論』（ハーパーコリンズ・ジャパン、2017）の発想とボブ・モエスタ氏の「4つの力」をうまく統合して可視化した**顧客フォースモデル**というフレームワークを提唱しています（図）。

　モエスタ氏の4つの力について、不快な現状から望ましい状態に移行するカスタマージャーニーを坂道をのぼることになぞらえて視覚化しており、とても感覚的にわかりやすいイメージになっています。

　顧客フォースモデルでとくに参考になるのは、**トリガーイベント**という着眼点です。顧客が普段の習慣を超えて、新しいやり方にスイッチしようと動機づけされるきっかけのことを指しています。

　人は多少心地悪くても習慣があるので既存品を使い続けますが、認識や状況の変化によって、利用時の体験が期待値を下回る瞬間に我慢できなくなり、新しいソリューションに目を向けようとする瞬間があります。

　期待と体験のギャップが無視できないレベルで起きる瞬間がトリガーイベントであり、顧客が新しいソリューションを探そうと動機づけられて、いよいよ行動に移していくさまをプッシュとして位置づけています。

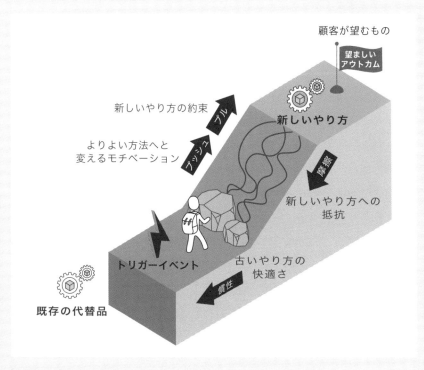

顧客が望むもの

望ましい
アウトカム

新しいやり方の約束

プル

新しいやり方

よりよい方法へと
変えるモチベーション

プッシュ

摩擦

新しいやり方への
抵抗

トリガーイベント

古いやり方の
快適さ

慣性

既存の代替品

■ 図　顧客フォースモデル

第 **3** 章

顧客価値を
可能にするもの

　前章では、顧客に価値を知覚してもらいながら、顧客の状況を進歩させるための
アプローチについて紹介しました。しかし、顧客の状況だけをとらえていても、具体
的なプロダクト・サービスに落とし込まれていかないのも事実です。

　第3章では、これまで見てきた顧客の状況を踏まえ、企業が資源・リソースにア
プローチして提供できる「機能」の概念に触れながら、本書のタイトルでもあるバ
リュー・プロポジションをつくるための枠組みを説明します。

状 況 × 機 能 (資 源 、リ ソ ー ス)

顧 客 価 値 の た め に 企 業 が で き る こ と

　これまで顧客の状況理解の重要性について強調してきましたが、プロダクト・サービスづくりも当然重要です。お腹がすいている理由を考え続けても満腹にならないように、いくら状況について深掘りしても片手落ちで、具体的なプロダクト・サービスがないことには状況の進歩も始まりません。

　企業が提供するプロダクト・サービスと一口にいっても、実際、顧客の状況をよくするために企業が提供できるものはさまざまです。それこそ鉄などの資源から、米や野菜などの素材を調理した料理や、はたまた食器や家電など有形のものもあれば、アプリのようなデジタル製品もあり、YouTubeなどに上がっているコンテンツや知識、そしてサービスなど無形のものまで多種多様です。

　また必ずしも自社で所有していなくても、たとえばクラウドインフラとしてアマゾン社のAWSを使ってSaaSを提供できるようにするなど、外部から調達することもできます。詳しくは後述しますが、本書では顧客価値のために企業が「できること」を総称して「機能」とよんでいま

す。機能とは、資源やリソース、アセットとよばれるものともいえます。

顧客の状況をよくするために企業が提供・調達できるもの

- 素材（鉄鋼、小麦）
- 製品（カメラ、スマートフォン、冷蔵庫）
- サービス（宅配、整体、レッスン）
- コンテンツ（映画、音楽、授業）
- オペレーション（営業部隊・開発部隊）
- 技術（AI・XR・バイオ）
- 人材・人脈・データ　など

これらの機能がうまく統合・デザインされて、顧客の状況にうまくフィットすることで、体験としての価値創出や、状況の改善につながっていきます（図3-1）。

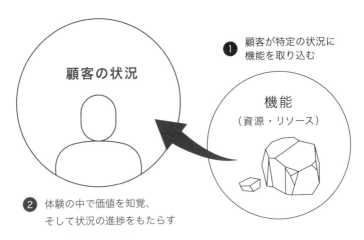

❶ 顧客が特定の状況に機能を取り込む

顧客の状況

機能
（資源・リソース）

❷ 体験の中で価値を知覚、そして状況の進捗をもたらす

■ 図3-1　状況と機能の関係性

本章では、こういった状況と機能の関係についてご説明していきます。

体 験 の コ ン セ プ ト

状況に応じたバリュー・プロポジション

　顧客の状況をよりよくシフトするためには、顧客にその提案を受け入れてもらう必要があります。社会的に優れた提案だったとしても、顧客にその利用を促すには、顧客に実際に価値があることを認識してもらわなければなりません。

　価値の認識をもたらすのは顧客の情動反応でした。顧客の情動反応には、それを引き起こす「何らか知覚できる要素・刺激」が必要になります。顧客に何らかの刺激が与えられ、その刺激に対して情動反応が起こる。この刺激と反応の構造を、薬を例に見ていきましょう。

　一般的に、薬は図3-2の円グラフ部分に示すように有効成分と添加剤（いわゆる「その他」の成分）とに分けられます。添加剤とは味や形状を構成するための成分であり、直接的な薬用効果がないものを指します。薬を口から摂取しやすくするため、形状（カプセルや錠剤）や味など、本来の目的である有効成分以外の要素もあわさって薬は構成されています。

病気になった際、図3-2のように薬が苦手ではない人が薬に対して価値を感じるのは、薬の中でも有効成分に対してでしょう。一方で薬が苦手な子供の場合は、有効成分もさることながら、味や形状などの「飲みやすさ」を構成する添加剤も価値を感じる要素になると考えることができます。

薬が苦手ではない人が飲む

薬が苦手な子供が飲む

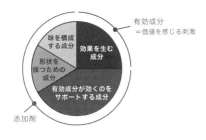
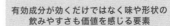
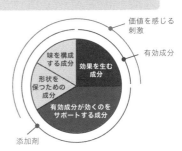

■ 図3-2　薬の有効成分と添加剤

　この話から2つのことを導き出すことができます。一つはプロダクト・サービスは顧客が価値と感じやすい刺激を引き起こす要素と、そう感じにくい要素のグラデーションがあること。もう一つは、顧客が価値と感じる刺激を引き起こす要素は、顧客の状況によって変化するということです。

　プロダクト・サービスはさまざまな体験を引き起こす刺激のるつぼ・器のようなものですが、そこに含まれる「とりわけ顧客に価値として感じてもらいやすい要素」があります。どの要素をピックアップするかは、

顧客の状況を見たうえで体験の方向性を「体験のコンセプト」として定め、その体験を実現するために特定します（ただし実際そのように知覚してもらえるかは顧客次第なので、本当の最後は祈るばかりです）。

　ここでいう「体験のコンセプト」を本書ではバリュー・プロポジションと位置づけます。体験のコンセプトであるバリュー・プロポジションは、プロダクト・サービスやその背後にあるオペレーションに実装されていきます[1]。顧客が価値を感じる要素が顧客の状況によって異なるとすると、対象としたい状況にあわせてバリュー・プロポジションを考えることになります。

状況だけでは
バリュー・プロポジションは
つくれない

状況検討は必要条件

　バリュー・プロポジションとは、顧客に価値を感じてもらうべくどのような状況でどのような体験を提供したいかの方向性を示すこと＝体験のコンセプトです。さまざまな価値の要素を内包した器であるプロダク

1　とくにものづくりには、ものづくりやデザイン自体に関する深い論理がありますので、体験のコンセプトを書いただけで簡単にプロダクトがつくれるわけではありません。

ト・サービスを顧客が体験する中で、バリュー・プロポジションが反映された要素が価値認識という情動反応を引き起こすということを説明をしてきました。では、このバリュー・プロポジションはどのようにしてつくることができるのでしょうか。

　バリュー・プロポジションは対象とする状況ごとに存在します。しかし、状況だけに注目していれば顧客のよりよい体験が生まれるかというとそうではなく、当然打ち手の検討が必要です。筆者らもよくクライアントから、新規事業や新規サービスをつくる取り組みに際して、**「顧客を見ることは大事だとわかる。でも、顧客を見た後でどうすればいいのか。顧客を見ても事業がつくれない」**というご相談をいただくことがあります。本書の読者の中にも、「ニーズやジョブが大事だといわれているから調べてみたけど、そこから何をどうあつかえばいいのかわからない」という経験をおもちの方もいるのではないでしょうか。

　実際のところ、そういった疑問や指摘はまさにその通りで、状況さえ見ていればバリュー・プロポジションをつくれるわけではありません[2]。バリュー・プロポジションをつくる際、気づいたら顧客の状況探索を広げすぎて立ち行かなくなることがありますが、これは打ち手の制約が何もないことが一因です。

　打ち手の選択肢が多くて何でもやれそうな場合がこれに当たります。筆者の経験の中では、たとえば大手企業の新規事業開発にて社内外の無数のアセットにアプローチできてしまうからこそ、逆説的に一つの現実的な方針に落とし込むことが難しくなるケースがありました。

2　「状況を見ること」はバリュー・プロポジションをつくるうえでの必要条件ですが、十分条件ではありません。そこには後述するように「機能」が必要です。

たとえば、ある企業において「職場の休憩」をテーマとした新規事業企画がありました。顧客の状況を詳しくリサーチして新規事業をつくることは決まっていたものの、予算規模が大きかったこともあり、やろうと思えば自社のアセットでなくてもM＆Aなどで外部調達することも可能な状態でした。

　「職場の休憩」について、営業パーソンやエンジニア、コールセンターの窓口担当からお医者さんまで、さまざまな職種の人の休憩実態について把握し、整理・構造化が順調に進んでいましたが、やがて大きな壁にぶつかりました。顧客にとって「本当はこうしたいけどできない」といった葛藤（コンフリクト）は価値提供の大きな機会ですが、緻密に分析を進めるほどこういった機会がいくらでも見えてくるのです。

　どこを機会として、どのような事業をすべきかが一向に見えてきませんでした。顧客が置かれた状況がまざまざとわかり、どんな状態になれば価値を感じられるのか、いまどんなコンフリクトが生じているのか、そういった材料が一通りそろっているにもかかわらず、事業・サービスの方向性が不思議と決まりません。なぜこのような状態になってしまったのでしょうか。

打ち手の選択肢や制約がないと解きにくい

　プロジェクトチーム内で議論した結果、企業側の制約がまったくなく打てる選択肢が多すぎるから決め手に欠けるという結論になりました。これをイメージとしてお伝えするならば、ある点Aを通る直線を引きたい場合、引き方は何通りも存在します（図3-3）。

　これと同じように、当然ですが顧客の状況に関する機会だけあっても

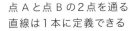

点Aのみを通る直線は多数存在

点Aと点Bの2点を通る
直線は1本に定義できる

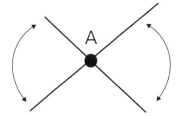

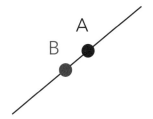

■ 図3-3　打ち手の選択肢と制約のイメージ

事業を定めることができません。ただし、点Aに点Bが加われば、これらの2点を通る直線は1本に定まります。

　このプロジェクトでは先述の壁を乗り越えるために、顧客の状況改善につながるような技術要素を、社会学・心理学・神経科学などの研究分野から洗い出し、できる・できないの制約を確認していくことにしました。その当時や近い将来の技術でできないことをやろうとしても、絵に描いた餅になってしまうので、できる可能性がないものを削ったのです。結果的に、顧客の状況をよりよくするうえで相性がよい技術で、かつ実用可能なものに絞ることで、「職場の休憩」をアップデートするようなプロダクトの提案に至ることができました[3]。

3　シリアル起業家からすると、とくに疑問の余地もない当たり前の話かもしれませんが、実際こういうことが新規事業開発では頻繁に起きています。

問題空間と解決空間

問題空間−解決空間というフレームワーク

　スタートアップなどのプロダクト開発でしばしば参照されるフレームワークとして、**問題空間（Problem space）―解決空間（Solution space）**という考え方があります（図3-4）[4]。

　本書の視点では、問題空間とはこれまで顧客のニーズやペインといわれていたもので、まさに「顧客の状況」が該当します。さて先ほどの「職場の休憩」の例では、問題空間の深掘りは徹底的にやり尽くしましたが、その反対の解決空間の議論がほとんどなされていなかったとわかります。解決空間とは打ち手の議論です。打ち手の制約、つまり解決空間の検討がなければ、プロダクト・サービスの具体的な提案を絞り込むことができません[5]。

4　"Problem space"と"Solution space"という概念は、古くをたどればシステム思考（Systems Thinking）やオペレーションズ・リサーチ（Operations Research）などのフィールドで発展してきたとされます。これらの分野では、複雑な問題を理解し、最適な解を見つける必要があるため、「問題空間」と「解決空間」の概念が用いられます。なお、"Problem space"は問題のパラメータや制約条件を定義する空間を指し、"Solution space"はそれらのパラメータや制約条件の下で可能な解の集合を指します。

5　プロダクトアウトなアプローチからすると、とても信じられない話かもしれません。

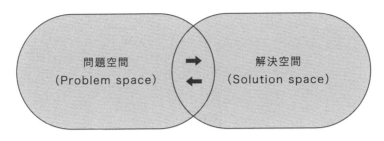

行ったり来たりして
新しい価値を企画する

顧客に新しい価値をもたらす
プロダクトやサービス

■ 図3-4 問題空間と解決空間

一方で、解決空間がプロジェクト開始段階からある程度決まっている
場合は具体的なソリューションを絞り込みやすくなるため、事業検討が
進めやすくなります。これまで保険やメディア、メーカーやサービス業
など、複数の新規事業の支援を行ってきましたが、使いたい技術が決
まっていたり、できることが明示されていたりと、解決空間のオプショ
ンが一定数存在していた場合は、ソリューションの提案がスムーズでし
た。

このように見ていくと、バリュー・プロポジションをつくるうえでは、
問題空間における「状況」と対になる、解決空間で検討すべき概念を明
らかにする必要があります。本書ではそれを「機能 (function)」とよび、
次項で詳細に見ていくこととします。

解決空間で検討すべき「機能」

　機能とは、端的にいうと企業が「できること」を表します。企業が「できること」とは、製品を構成する成分や技術開発であったり、サービスや業務オペレーション構築であったり、さらにはスタッフ個人がもつ能力やアイディア、果ては部署や企業がもつカルチャーや風土、人材要件、あるいは自社で抱えていない外部協力者との接点やつながり、人脈に至るまで、価値の実現に役立つあらゆるものを含みます（第1章のCOLUMN「サービス・ドミナント・ロジック」における資源のことです）。リソースやアセットという言葉のほうが聞きなじみがある方もいるかもしれませんが、「状況」と対をなす表現として覚えやすいので「機能」という言葉を採用しています。

　こうした機能は既存事業を担うチームからすると当たり前のことで、特段意識されていないことも含まれるため、機能を洗い出していくプロセスでは注意が必要です。また、問題空間と解決空間の考え方にもあるように、機能は問題空間とのかかわりの中で深化・詳細化されていくものでもあるため、当初は気づかなかったが状況をよく見ることで、意外なものが機能であると気づくこともあります。

　たとえば、過去のさまざまなサービスの研究をしていく中で、競争優位をつくる一つの勝ち筋として、スタッフの足でデータを獲得し、独自の新しいデータベースをつくるべきと気づいた人がいたとします。たまたまその人が、自身で新しいプロダクト・サービスをつくろうとした際、「足でデータを稼ぎデータベースをつくる」という選択肢をもつことができるという点で、事業者の経験に裏打ちされた勝ちパターン自体や、

事例研究を重要視するマインドセットなどもその企画チームにおける「機能」とみなすことができるのです。

機能検討に必要なマインドセット

解決空間の検討とは、機能の洗い出しを指します。この洗い出しは、最初に一度行えばいいというわけではありません。解決空間の対となる問題空間における状況の解像度が上がるに従って都度見直したり、新しく使える機能がないかを探し続けることが欠かせません。

そこでは、つねに機能として使える要素がないかを貪欲に探求するマインドセットが求められます。このマインドセットをうまく言語化しているものとして、インドの経営学者であるサラス・サラスバシー氏が提唱した「エフェクチュエーション」という理論があります。

エフェクチュエーションの考え方は、起業家が予測や予見だけに依存せずに、その場その場で利用可能なリソースを活用し意外な変化さえも活用するといった方法で、実際の「効果（エフェクト）」を生み出す姿勢を強調しています。

エフェクチュエーションには5つの原則があります。

① **手中の鳥（Bird in Hand）の原則**
   既存の手段を用いて新しい何かを生み出すこと
② **許容可能な損失（Affordable Loss）の原則**
   損失が生じても致命的にはならないコストをあらかじめ設定すること
③ **クレイジーキルト（Crazy-Quilt）の原則**

ビジネスや新しいプロジェクトを展開する際に、投資家、顧客、仲間の起業家、またはその他のパートナー企業など他のステークホルダーとのパートナーシップを積極的に形成し、共同で目標を達成することを奨励する。一見無秩序に見えますが全体として機能的で美しいパターンをもつクレイジーキルト（一種のキルトパターン）から来ている

④ **レモネード（Lemonade）の原則**

失敗品でも工夫して、新たな価値をもつ製品へ生まれ変わらせること（失敗を成功に変えること）

⑤ **飛行機の中のパイロット（Pilot-in-the-plane）の原則**

4つの原則を網羅した原則で、状況に応じて臨機応変な行動をすること

　この中でとくに機能検討にかかわるマインドセットは、「③ クレイジーキルトの原則」です。クレイジーキルトとは、土台布の上に色も形も不規則な布を縫い付けたパッチワークのことです（図3-5）。

■ 図3-5　クレイジーキルト
　　（出典：https://unsplash.com/ja/%E5%86%99%E7%9C%9F/PgICsxL7Ft4）

クレイジーキルトの原則は、色も形も不規則なクレイジーキルトになぞらえて、存在するものは個人のコネクションでも何でも使おうということを指しています。クレイジーキルトの原則に従えば、ともすると競合他社でさえアライアンスパートナーになりうるのです。**使えるものは何でも使う、できないことは他と手を組んででもできる状態にする、そういったマインドセットが機能探索において必要**といえます。

機能で状況を切り取る

できること・できないことから絞り込む

　ここまで、問題空間としての「状況」と、解決空間としての「機能」について言及してきました。実際にはこれらを行き来しながら考えることで、バリュー・プロポジションをつくり、精緻化していくことになります。

　第2章で触れたように、顧客が置かれた状況はつねに変化し、多様・重層的に存在する概念です。一方で、機能もとらえ方次第でいくらでも複雑に増やすことができます。どちらも自由度の大きい変数となるため、いざ状況と機能の両方を考えろといわれても、どこから手を付けたらいいかわからなくなります。この場合どちらかを仮決めして考えるこ

とになるのですが、状況と機能のどちらを仮決めすべきでしょうか。

おすすめはまず「機能」の仮決めです。たとえば、現在や近しい未来の技術でできること・できないことの考察を行うだけでも、何らか制約を見出すことはできますし、企画が行われる企業や部署の方針など、ある程度コンテクストが存在する場合はそれ自体も制約としてインプットとすることができます。

もちろん先に状況を決めてから、使える機能を探し出す進め方も間違っているわけではないのですが、狙い定めた状況をよりよい状態にするための打ち手が、社会実装可能なのかどうかわからない状態から機能の検討を進めるため、検討の負荷や難易度が少し高くなることが想定されます。

機能をサーチライトとして状況を見る

意志をもって機能を仮決めし、進歩を生み出せそうな状況を探し、再びその状況を進歩するに足る機能を真剣に考える、そういった流れでバ

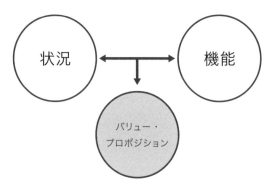

■ 図3-6　状況と機能からバリュー・プロポジションを考える

リュー・プロポジションを考えることができるようになります（図3-6）。

　最初のステップとしては、仮決めした機能でアプローチできそうな状況を探していきます。イメージとしては図3-7のように、機能をサーチライトのように見立て、状況を照らして探していく営みとなります。

機能をサーチライトとして照らし、色が変わったところを
コンフリクトとしてとらえるイメージ

■ 図3-7　機能をサーチライトとして状況を見る

　具体的な事例で説明します。ある損害保険会社における新規事業開発において、自動車保険の領域で少額・短期のリスク計算ができるという組織能力を活用し、新しい事業機会を探すという取り組みが過去にありました。まず、自動車を利用するシーンにおいて少額・短期のリスク計算の機能が活きそうな状況の仮説を立てることから始めていきました。

　とくに「個人と個人の車の貸し借り」という状況を細かく分析していく中で、CtoCのカーシェアや友人間の車の貸し借り、企業・個人間の車

の貸し借り（社用車を社員が利用するなど）や、家族同士の車の貸し借りなどについて、幅広い顧客の状況に関するインプットを取得していきました。この個人間の貸借について、貸す側・借りる側の状況についてインプットを得ていく中で、少額・短期のリスク計算機能がもっとも活用できそうな状況として、家族間の車の貸し借りが浮き彫りになってきました。

それまでのCtoCのカーシェアでは、貸す側が保険加入をすることになっており、貸し手としての顧客はこの機能について一見するとポジティブな反応には至りません。また、社用車を社員が利用する際にはルールが決まっていたり、友人に車を貸すことが多い人は自身の自動車保険で契約者以外が運転しても補償されるようすでに対応していたりして、顧客が少額・短期の機能を機会につなげることがなかなかできませんでした。

一方で家族間の貸し借り、別居している親子間の貸し借りが行われる状況では、明らかにポジティブな反応が見られたのです。その背景には、年に数回しか乗らない、しかも年齢制限の観点で高くつく子供のために、自動車保険のカバー範囲を広げてお金を払い続けることは、貸し手である親目線では避けたいと考えていることが挙げられます。

貸し手である親目線で見ると、普段は保険のカバー範囲外の子供が帰省のタイミング、あるいはそれ以外のシーンで、車を貸してほしいと頼まれた場合、子供自身に保険に入って欲しいと考えます。他方子供側は、保険に入ることはやぶさかではないものの、検討していた2017年当時では1日限定で入れる自動車保険に加入するためにコンビニに行かないといけなかったり、面倒な手続きが必要だったりと、気軽に入れる状態ではなかったのです。

親としては保険に入って欲しい、子供としては入るのは嫌ではないものの面倒なのが嫌、というコンフリクトが生じ、結果的に無保険運転が多く発生していたのです。このように仮決めした「機能」が価値として認識されうる状況を分析し、コンフリクトをとらえることで「機能」が価値として認識されうる状況を深くとらえることができたのです。

　その後の検討で、親の保険に入って欲しいという気持ちと、面倒なのは嫌だという子供の気持ちを解消するべく、「車を貸して」という親子間のコミュニュケーションの流れの中で保険に入ることができ、走っている間はリスクの備えができるという体験の方向性（バリュー・プロポジション）で検討を進めることになりました。

　ここで着目すべきは「コミュニケーションの流れの中で入れる」という要素です。このタイミングで仮置きした「機能」に大きなフィードバックがかかり、コミュニケーション基盤を提供する事業者との協業に関する交渉がアジェンダに加わるようになったのでした。

バリュー・プロポジションを導き出す考え方

　バリュー・プロポジションの検討には状況と機能のすり合わせが必要であることを説明してきました。ここではさらに前述の例から、バリュー・プロポジションをどのように導き出すのかを説明していきます。

　顧客の状況から考えるバリュー・プロポジションは、次の4つの要素を関係させる中で導き出します（図3-8）。

理想状態（ビジョン）

ビジネスとして世の中にどんなシフトを起こしたいか理想状態を定めます。企画者としてのやりたいことです[6]。上記の自動車保険の事例では、「無保険状態での自動車運転がなくなる」状況を理想状態としていました。

機能

状況を変革しうる自分たちが調達可能なアセット、資源、リソースです。事例の中では、「自動車保険における少額短期のリスク計算」という自社の強いアセットがありました。

現在の状況（状況A）

実際の現実に存在する、顧客がコンフリクトを感じている状況を機会として発見し、ターゲットとします。事例の中では、「親子間の車の貸し借りにおけるコンフリクト」を機会として見出しました。

目指したい状況（状況B）

顧客のコンフリクトが生じている状況Aに対して、プロダクト・サービスを提供して現実解として生み出せそうな状況Bを定義します。事例の中では、「親子間の貸し借りにおいてもちゃんと保険に加入した状態で運転が行われている」ことを現実に起こしたい状況Bとしました。この目指したい状況Bは、状況Aを分析すれば自然と導かれるものではなく、上記の機能や理想状態を考える中で洞察されるものです。また、実

6　プロダクトやサービスのビジョンといってもいいかもしれません。

際に顧客へ提供したフィードバックを通じて、状況Bは微調整されてい
くことでしょう。

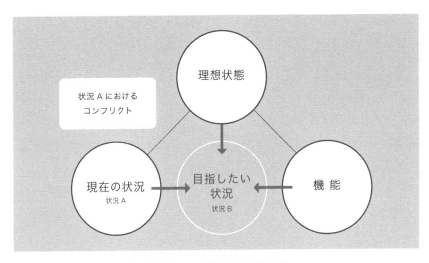

■ 図3-8　バリュー・プロポジションを導き出す考え方

　これらは先ほどの自動車保険の例で見ると、図3-9のように整理がで
きます。

理想状態	無保険状態での自動車運転がなくなる
機能	自動車保険における少額短期のリスク計算
現在の状況 （状況A）	親子間貸借において、親は子供が運転する際、保険に入れたいのに入ってくれない（コンフリクト）、子供は保険が嫌なのではなく面倒が嫌（コンフリクト）
目指したい状況 （状況B）	親子間の貸し借りにおいてもちゃんと保険に加入した状態で運転が行われている

■ 図3-9　自動車保険の例における4つの要素の整理

次に考えるべきはプロダクト・サービスの要件となります。ここで重要なのは、**機能や状況Aから、「目指したい状況B」を実現するために顧客に提供したい「体験のコンセプト」**と、その実現に必要なプロダクト・サービスの要件、およびプライシングを考えることです。

体験のコンセプトは、先ほどの自動車保険の例でいうところの、「車を貸して」という親子間のコミュニュケーションの流れの中で保険に入ることができ、走っている間はリスクの備えができるという体験が該当し、これが本書で定義するバリュー・プロポジションとなります。

現実的にはそのような体験を顧客が受け入れてくれるか、また実際にそのように体験してもらえるかは顧客次第でもあり、企業と顧客との協創になるため、やりながら磨きながらの活動になります。体験のコンセプトが見えてきたならば、それを実際にプロダクト・サービスに実装するための要求や、顧客体験の一部でもあり事業としての継続性を担保するプライシングの検討を行う必要もあります。

自動車保険の例で考えると、「コミュニケーションの流れで入れる」という観点を実現するために、新しくアプリをつくるのではなく、現実に親子間の会話が行われているコミュニュケーションツール上で行われるべきであるというプロダクト・サービスへの要求がでてきたり、子供が感じる面倒さを極力減らすために、課金のあり方も使った分だけ支払う・運転している間は自動で継続されるといったプライシング観点での要件を検討していく流れとなります。

このように、機能と状況A、理想状態から目指したい状況Bを導出するステップがあり、その状況Bを実現するための体験コンセプト、下支えするプロダクト・サービスへの要求とプライシングを検討するステップという2つの手順を経ることで、体験のコンセプトであるバリュー・

プロポジション自体の検討と、バリュー・プロポジションのプロダクト・サービスへの落とし込みができるようになるのです（図3-10）。

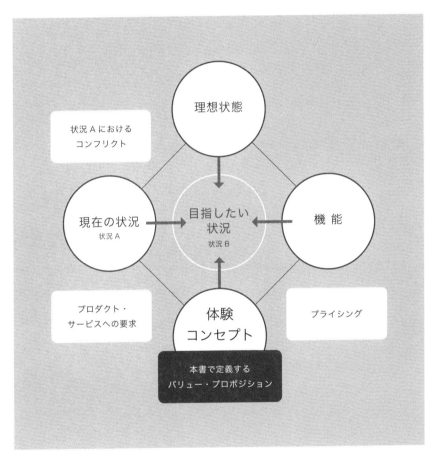

■ 図3-10　バリュー・プロポジションへの落とし込み

バリュー・プロポジション導出の
2つの考え方

① 機能からバリュー・プロポジションを考える

　ここでは具体的にバリュー・プロポジションのつくり方のステップについて説明していきます。機能からバリュー・プロポジションを考える方法と、状況からバリュー・プロポジションを考える方法があります。前述の通り、機能を先に検討することを本書では推奨してきました。機能を仮決めしてからの流れとしては、理想状態から考える進め方と、現在の状況（状況A）から考える進め方に分けられます。

- **理想状態から考える**
- **現在の状況（状況A）から考える**

それぞれ具体的に見ていきましょう。

　まず機能×理想状態から考える進め方ですが、これは先に実現したい世界を考えたうえでそれに則した機会を見つけるビジョンドリブンなアプローチといえ、図3-11のように検討を進めていくことになります。

　イメージとしては、仮置きした機能を用いて、「こういう社会を実現し

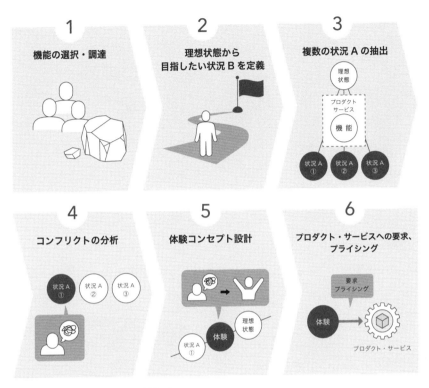

■ 図3-11　理想状態から考える

たい」「こういう状態にしたい」といった理想状態を決め、その理想状態にもっていけるような状況Aを抽出していきます。具体的なイメージをつかんでいただくために、このアプローチを使って事業を企画したケースをお話ししていきます。

　筆者が経営する会社の子会社にNwtihという会社があり、そこでは顧客と管理栄養士との間でマッチングを行い、個々人の食事管理サービスを提供するCHONPS（チョンプス）というサービスを運営しています。このCHONPSの企画は下記のように進んでいきました。

企画者（現代表）のまわりに管理栄養士が複数人おり、国家資格である管理栄養士の資格を取得する苦労と、現状の管理栄養士たちが置かれた収入や仕事の状況などを知る中で、「管理栄養士が過小評価されない状態」という理想状態を掲げて事業の検討を開始しました。

　フリーランスとして活躍する管理栄養士の仕事の仕方や管理栄養士に食事管理を依頼する経営者の存在など、さまざまなインプットを得る中で「管理栄養士ができること」をうまく集約したビジネスをつくれないかと企画の検討を進めていき、まず着手したのが管理栄養士とのコネクションづくりでした。

　個人事業主として先進的な活動を行う管理栄養士を検討メンバーに複数人招きながら、状況のヒアリングも行いつつ事業企画案の検討を行っていき、このプロセスが機能（数多くの管理栄養士を抱えていること）の獲得につながりました。ある程度集まったインプットと管理栄養士とのつながりを踏まえ、管理栄養士に寄り添いつつ、「パーソナル栄養士をつけた食事管理が当たり前になる」状態を目指すCHONPSという事業の立ち上げを企画しました。この「パーソナル栄養士をつけた食事管理が当たり前になる≒顧客が自分にあった食事管理ができている」という状態が、「目指したい状況B」となります。

　当然パーソナル栄養士をつけた食事管理を行うことが価値として認識される人とそうでない人に分かれるため、現在どのような状況にいる人を最初の顧客としてあつかうべきかを検討しました（状況Aの探索）。

　たとえば、健康状態に気を遣わなければいけない、ハードワークを行うビジネスパーソンや、幼い子供のためにつくる料理に不安をもつ育児中の方など、価値提供の機会となりそうな状況Aを複数洗い出していきました。それぞれの状況におけるコンフリクトを見ていくと、個別に困

りごとがありつつも、共通するものとして「食事は大事だと思っている
が、ついつい意識から抜けてしまうので、適度に人に促されないと続か
ない」というものや、「食事管理は目的ではなく手段であり、目標のため
に食事管理を行いたい」といったものが出てきました。

　これらを踏まえ、人を介した面談を行い、そこで目標を決め、その目
標からブレイクダウンした食事（＋生活習慣）選択でやるべきことを定め
て日常生活を送ってもらうという体験の方向性が整理されました。そし
て、その実現に向けてアプリの要件を整理していき、実装・リリースと
なりました。このように、調達した「機能」から目指したい状況Bを定
め、その後状況Aを抽出する中で具体的な要件を整理していくやり方が
一つ目のアプローチとなります。

　次に、二つ目の機能×現在の状況（状況A）から考えるアプローチです
が、これは機能が活用できそうな課題や機会があればそこから出発して
しまうアプローチです。前述のコミュニケーションの流れの中で入れる
自動車保険の事例で紹介したものとなりますので詳細は割愛しますが、
流れとしては図3-12となります。

　少額・短期のリスク計算という機能を皮切りに複数の状況Aを見に行
き、結果として親子間の自動車貸借のコンフリクトを見出しました。な
お、先方の掲げる理想状態は「無保険運転がない社会」であり、状況A
や機能を踏まえて「親子間の貸し借りにおいてもちゃんと保険に加入し
た状態で運転が行われている」という状態を目指したい状況Bとして定
義しました。そこに整合する形で、「コミュニケーションの流れの中で入
れる」という体験のコンセプトがつくられ、それらをプロダクト・サー
ビスとして実装するための要件の検討を行っていった形となります。

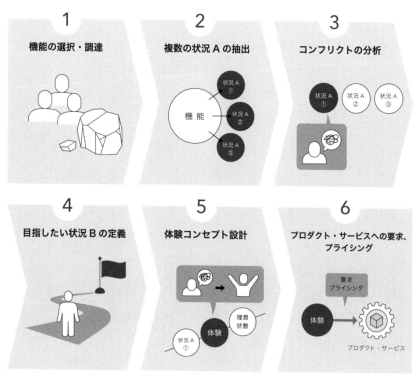

1 機能の選択・調達

2 複数の状況Aの抽出

機能
状況A①
状況A②
状況A③

3 コンフリクトの分析

状況A① 状況A② 状況A③

4 目指したい状況Bの定義

5 体験コンセプト設計

状況A① 体験 理想状態

6 プロダクト・サービスへの要求、プライシング

要求プライシング

体験 → プロダクト・サービス

■ 図3-12　現在の状況（状況A）から考える

状況Aの選び方

　理想状態の検討から着手する場合であっても、状況Aの検討から着手する場合であっても、状況Aをどのように選ぶかは非常に重要なポイントとなります。状況Aは「現状」を示すものなので、狙った状況Aがほとんど発生しないものの場合、マーケットが非常に小さいことを意味してしまいます。状況Aは事実上無限に存在し、主要と思われる状況Aも一つだけということはありえません。必ず複数出てきますが、全部を進

歩させようとしてもリソースが足りなくなるので、着目するものを選ぶ必要が出てきます。

　それでは着目すべき状況Aはどのようにして選ぶとよいのでしょうか。そこで一つの方法として、モメンタム（勢い）、ロバストネス（堅牢さ）、インパクト（影響度）という3つの評価観点を紹介します[7]。

　モメンタム（勢い）とは、今後この状況が増えていきそうかという観点で、状況発生頻度で測ります。対象とする状況に置かれうる人たちが現状どのくらいいて、その人たちはどのくらいの頻度でそうした状況に置かれるのか、そうした状況はどのくらいに増えそうかという観点です。

　ロバストネス（堅牢さ）とは選択した状況の強度・確からしさ・適応可能な状況があるかという評価観点です。状況はいくらでも細分化することができますし、抽象度を高めることもできる概念です。選択した状況の抽象度をどこまで高めても、その状況を選択した理由がぶれないでいられるかが重要なポイントになります。

　インパクト（影響度）とは、進歩によって変化する差分の大きさです。変化の差分が大きい、または重要な変化であるほど、影響力が強いことを示し、影響の大きいものを選ぶのがよいということです。また、インパクトが大きいものほど、顧客側のコンフリクトが大きくなる傾向にあります。コンフリクトが大きいということは、状況Aを変えたい思い（プッシュ）が強い一方で、動けない理由も拮抗している状態のことですが、そのコンフリクトが解消すると一気に状況が進歩するということでもあります。いい換えると、小さなもやもやを解消するよりも、決心が

7　この3つの観点は、ハーバード・ビジネス・レビューの『イノベーションの「兆し」を見つけ出す方法』を参考にしています。https://dhbr.diamond.jp/articles/-/8198

必要な大きなもやもやを選ぶほうがよいということです。

インパクトとコンフリクトの関係について、例を挙げて補足します。たとえば「部屋が乾燥している」という状況Aがあったとします。この場合ちょっと喉がいがらっぽいぐらいの状況であれば、のど飴をなめるぐらいの対処で済みます。コンフリクトとしては、のど飴を買ってくる程度で、さして大きくありません。うがいをするぐらいの対処であれば、コンフリクトはもっと小さくなります。ただしインパクトも喉が一瞬潤ったという程度で大したことはありません。

これが「いまからステージに立つ歌手や声優であり、控室の部屋が乾燥していて喉がいがらっぽい」のならどうでしょうか。対処としてはボイスケア用ののど飴を常備する、普段から喉専用の加湿器をもち歩くなどで、コンフリクトも大きくなりますが、治ったときのインパクトも大きくなります。

状況Aの選び方としてはもう一つポイントがあります。それはちょうどいい抽象度のものを選ぶということです。たとえば前の晩においしいすき焼きを食べ過ぎて胃もたれしているとします。しかし同時に空腹感もあり、何か食べたい状況だとします。

この際に、「空腹である」を状況Aだととらえると、これは対象が広すぎて候補となる機能を絞ることができません。一方「すき焼きを食べて胃もたれがしている」を状況Aととらえると細かすぎて最適な機能を見つけるのが大変になります。「肉の食べ過ぎで胃もたれがしている」ぐらいの抽象度がちょうどよく、機能も探しやすくなります。

② 状況からバリュー・プロポジションを考える

　本書では状況と機能では、機能を先に仮置きすることを推奨してきましたが、状況から考えることも不可能ではありません。状況から考える場合、基本的には着目すべき状況Aを探索することから始めます。状況Aの探索を進めていく中で、上記で説明したモメンタム、ロバストネス、インパクトの3つ観点で評価し、深く検討する状況Aを選択します。

　状況Aが見えてくると、「体験のコンセプト」の検討を始めたくなるのですが、いきなり体験のコンセプトの検討に入ってしまうと、小さくまとまった課題の裏返しのようなソリューションしか出てこなくなってしまいます。これは、前述の問題空間と解決空間のうち、解決空間側の検討がないことに起因します。

　解決空間で検討すべき「機能」を洗い出すうえで制約がないと、状況Aからボトムアップで関係しそうな機能を考えることになってしまい、「なぜかつまらない」体験のコンセプトができ上がってしまうのです。こうならないためにやるべきことの一つは「理想状態」を振りきって考えることです。状況Aとコンフリクトを眺めながら、顧客をこういう状態にもっていくぞ、という企画者がよいと信じる理想状態を思いきって先に決め、その理想状態の実現に向けて必要な機能を洗い出していくことで、体験のコンセプトにも飛躍が生まれます。

　もう一つは、状況における顧客の目的のレイヤーを上げ下げしたり、多角的に見てみることです。「顧客は1/4インチのドリルではなく、穴がほしいのだ」というのは、マーケティング理論で著名なセオドア・レビット氏のドリルの穴理論として有名です。たとえば日曜大工などでド

リルを買いたい顧客に、本当は何がしたいのか目的を尋ねたならば、実は壁に絵を飾るためだったなどとわかりました。それならドリルじゃなくてもいいのではと、壁に穴を開けずに粘着力の高いシールのついたフックを壁に貼ったり、極端な案としてはプロジェクターで壁に風景を投影するなどの提案機会が考えられます。

そのように考えると、ドリルを求める顧客に対して実は壁掛けフックを売ることができるので、顧客からしてもドリルより安価で簡単に絵を壁にかけることができて、魅力的で優位に映るわけです。

つまり、人のニーズの背後にあるより上位の目的をとらえることで、さらにその目的における状況とは何だと考えが及びます。このように目的を上位にのぼって考えていくことで、別の機会のイメージがわいてきます。

状況Aとコンフリクトを解消し、理想状態に移行させるための機能を探していき、文脈に沿う体験と要件を整理していくという流れであれば、機能探索で多少苦労はしますが状況起点でもバリュー・プロポジションの検討を行えるようになります（図3-13）。

余談ですが、さきほどのドリルのたとえの場合、不幸にもドリルは貶められた存在ですが、機能側のアプローチを考える例としても言及できます。ドリルという道具は、人間の能力を気持ちよく拡張し、さまざまな状況における新たな体験の可能性をもたらします。

ドリルは「壁に絵を飾る」という目的から見ると一つの手段でしかなく、それ以外の手段でも代替可能なものとみなされていますが、たとえば電動ドリル（またはドライバー）を使えば、手作業だと何分もかかるであろう穴あけやネジ締め作業が数秒で終わり、その体験の変化は劇的です。これだけ簡単だと、正直DIYがはかどってとても楽しいはずです。

「ハンマーをもてば、すべてが釘に見えてくる」というのと同様、「ドリルをもてば、すべてに穴をあけたくなる」のも無理のない話だと思います。ドリルを使いたい・体験したいがために、小さな座椅子や棚をつくるという方ももしかしているのではないでしょうか。実際にドリルが適用できるシーンは幅広いものです。

　たとえばサイズをもっと小さくしてみるとどうでしょう。中国で人気のあるスマートフォンメーカーのXiaomi（シャオミ）社が、WOWSTICKというペンシル型の電動ドライバーを提供しているのをご存知でしょう

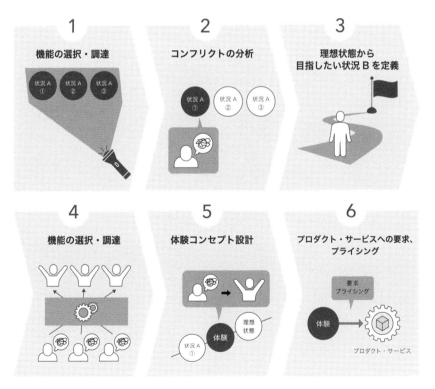

■ 図3-13　状況からバリュー・プロポジションを考える

か。最近ではキーボードのキースイッチなどのパーツを自分で組み換えたりする方もいると思いますが、WOWSTICKはデスク周りの電子製品の分解や組み立て時の小型ドライバーとして非常に使いやすく、見た目も洗練されているため、普段から机の上においてあっても違和感がない存在として人気を博しています。"ドリル"で遊べるシーンが増えること間違いなしです。

既存アプローチとの違い

マーケットインとプロダクトアウト

ここまでバリュー・プロポジションのつくり方について、両者可変である状況と機能に着目するアプローチを提唱してきましたが、本アプローチと読者のみなさんが聞いたことのある既存のアプローチとの違いに言及しておきます。プロダクトアウトやマーケットインという言葉を耳にしたことがあると思います（実はどちらも日本で生まれた造語で和製英語です）。

プロダクトアウトとは、「企業が商品開発・生産・販売活動を行ううえで、企業側の都合（論理や思想、感性・思い入れ、技術など）を優先するやり方」とされています。要するに会社の方針やつくりたいもの、つくることが

できるものを基準にプロダクト・サービス開発を行い、つくってから、どのように販売していくかを考えるスタイルといわれています。

一方で、プロダクトアウトの対立概念とされるマーケットインとは、「企業が商品開発・生産・販売活動を行ううえで、顧客や購買者の要望・要求・ニーズを理解して、ユーザーが求めているものを求められる分だけ提供していこうという経営姿勢のこと」とされています。つまり、顧客の意見・ニーズをくみとってプロダクト・サービス開発を行うことを指します。

ここまで状況と機能の話をしてきましたが、プロダクトアウトは「機能」を中心にプロダクト・サービスの検討をするあり方であり、解決空間のみの議論とみなすことができます。同様にマーケットインとは顧客の声・意見・ニーズに従ってプロダクト・サービスを開発すること指し、問題空間のみの議論とみなすことができます。

どちらのアプローチでも結果的に成果が出る可能性はありますし、否定するものでもないのですが、本書で提示するアプローチでは問題空間と解決空間の双方を変数としてあつかうことで、より確度高く顧客に価値として認識されるようなバリュー・プロポジション、およびプロダクト・サービスの企画検討を行うことができるアプローチになっています。

状況を活用すると業界のとらえ方が変わる

本アプローチの特徴として、問題空間と解決空間の双方をとらえることを挙げましたが、もう一つの特徴として問題空間側で状況をとらえることが挙げられます。これまでのビジネスの世界でいわれる「業界」と

いう概念は、プロダクト・サービスが属する「提供の仕方」の分類で切られていました。金融業や製造業、人材業界などがその例といえます。デジタルの領域がビジネスで主要な立ち位置を占める前の世界では、この業界の区分が割ときっちりと区切られ、競合は業界内のプレイヤーであるケースが多かったと思います。

　一方で、昨今のデジタルの影響力が大きくなる中で業界を見ていくと、主要プレイヤーが業界の垣根を越えた活動を行い、その境界が溶けつつあることに気づかれていると思います。たとえばアメリカの小売大手のウォルマート社は、2023年現在デジタル広告の収益で大きな割合を占めていたり、コインパーキングを運営するタイムズ24などの企業がカーシェアビジネスを始める中で、「移動」の領域で活動するようになったりといった例が挙げられます。

　こうした既存の枠組みで見た業界の区分を、顧客の状況起点で見ると、ある企業の競合がどんなところなのかのイメージをつけやすくなります。たとえば忙しい中でも健康状態を気にするという状況でとらえた場合、既存業界区分でいうところのフィットネス系のサービスや、事例

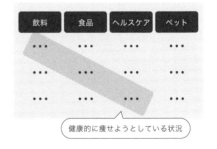

■ 図3-14　業界のとらえ方が変わる

として紹介した食事管理サービスのCHONPS、特定保健用食品の飲み物などを提供する飲料メーカー、健康食品・サプリメントを提供する食品メーカーなどが、すべて選択肢として並んでいるように見えるはずです（図3-14）。

　本アプローチの特徴である「状況」をとらえることで、実は業界のとらえ方・競合のとらえ方といった視点転換に使うこともできるのです。

意 志 や 思 想 、メ ン タ リ ティ の 重 要 性

意志や思想の重要性

　ここまで見てきたバリュー・プロポジションのつくり方の流れの中で、「理想状態」の決め方について言及してきていませんでした。これは、何かしらの軸を切って分析したり、フレームワークに当てはめれば、それなりの示唆を得られるという概念ではなく、施策担当者の意志や思想に重きを置く領域となります。

　起業家精神と訳されるアントレプレナーシップという言葉の要素の一つとして、「自らの意志で行動する」という意味あいが含まれているように、意志や思想は起業家には必要だろうと思う方も多いと思います。逆にいうと、部門責任者や経営層を除くと、ビジネスパーソンとして個人

の意志をはっきりと主張しないといけないというケースに直面したことのある方はそんなに多くないのではないでしょうか。

　実際、筆者も分析結果や客観的な指標、何かしらの軸で切った指標など、「客観的な正しさ」の範疇で物事が決まると感じていた時期もありました。ただ、この「理想状態」についてはそういうわけにはいきません。理想状態を決めるのは検討主体の意志や思いがもっとも重要ですし、好き・嫌いが顕著に出る検討事項だと感じています。検討主体が思い描く、「理想」をどれだけ高く・裾野を広げられるかによって、その企画の奥行きが決まっていくのです。

バリュー・プロポージングへ

　実はバリュー・プロポジションは一度定義したら終わりではなく、次の2つの意味でつねにアクティブでダイナミックな活動になります。

　一つは、本章でもお伝えしてきたように、価値とは顧客の状況における知覚と、企業が提供する機能との相互作用でつくられるものです。

　つまり価値は静的なものではなく、その都度顧客と企業の関係の中でダイナミックに創出されるものとしてとらえられます。このようなことを表現するために、サービスデザインの文脈ではバリュー・プロポジションという静的な表現ではなく、バリュー・プロポージングという動的なものとして表現しています[8]。

　もう一つはよりシンプルです。というのも、顧客の状況は企画者の意

8　実は顧客側も機能を提供することができますので（たとえばファーストフード店では顧客自ら配膳役を務めます）、いよいよ価値とは企業と顧客の共同作業だといえます。

図と関係なくどんどん変化していくわけですから、バリュー・プロポジションも必然的に変化しなければなりません。まるでアキレスと亀[9]のごとく、永遠に真の顧客価値に到達することはできないでしょう[10]。少なくともバリュー・プロポジションは一度つくったら終わりではなく、つねに状況の変化や機能の変化に応じてアップデートを重ねていくべきものです。

9　「アキレスと亀」は、ギリシャの哲学者ゼノンによって提唱されたパラドックス（逆説）です。これは、運動と無限の概念を問い直すための思考実験として使われています。アキレス（非常に速いランナー）が亀と競争します。しかし、亀には少しの先行を許します。レースが始まると、アキレスは亀が開始時にいた場所に到達しますが、その間に亀は少し進行します。次にアキレスがその新たな位置に到達すると、亀はまた少し進んでいます。このパターンは無限に続き、論理的にはアキレスは亀を追い越すことができない、というパラドックスです。

10　プロダクト・サービスづくりが必ずしも顧客価値のためだけにやる行為だとは思いませんが、これは技術や道具の哲学に関する議論として、本書の範囲を超えるものとして割愛します。

顧客の声・意見は打ち手の検討には弱い

　商品開発やマーケティングの領域において、VoC（Voice of Consumer）や顧客の意見を参考にすることをすすめる言説がありますが、ここまでの説明をご覧の読者のみなさんはおわかりかと思いますが、あまり推奨できるアプローチとはいえません。顧客調査やマーケティング・リサーチ、UXの界隈で比較的よく知られた小話として、「グループインタビューの危険性」を説くものがあります。

　あるお皿のメーカーが「どんなお皿が欲しいか」というテーマでグループインタビューを行い、「黒くて四角いお皿」がスタイリッシュで欲しいという意見でその場の結論がまとまったものの、参加者への謝礼の一環で好きなお皿をもち帰る際に参加者が全員「白くて丸いお皿」を選んだというものです。話を聞いてみると、白くて丸いお皿を選んだ理由は家の他のお皿と調和がとれたり、テーブルの色味などとの相性を考慮してとのことでした。

　一方で、グループインタビューの最中にはそういった自身の家の状況の話が出てこず、同席する他の被験者の顔色を見ながら、自分とは関係ない世界での「欲しいお皿」の話をしていたと考えることができます。こうした事例はお皿のケースに限ったものではなく複数存在します（たとえば高級カバンレンタルサービスのラクサスの事例などはインタビュー記事になって出ています[11]）。

11　「日米160万ダウンロード「ラクサス」が語る「超お金持ち層」がブランドバッグ借り放題アプリをつかう理由。テレビCMをシンプル化したら効果が3倍になった話。」（アプリマーケティング研究所、2022年11月24日　https://appmarketinglabo.net/laxus-marketing/）

このようなケースにおいては、各参加者の意見を求めた結果、自分の状況とは切り離された「適当な」「バイアスたっぷり」の発言が集まったと解釈することができます。それでは、なぜ「意見」を集めるとバイアスがかかりやすくなるのでしょうか。第1章でも説明してきたように、そもそも価値とは情動の一種であり、非言語で行われる反応といえます。そして往々にして人は自分の感じた感覚を正確に言語化することもできません。

　何か新しいプロダクト・サービスをお試しで使ってみて、「いまいちだった」という意見をもったときに、それはプロダクト・サービス自体が使いづらかったのか、事前の触れ込みによる期待値が高すぎて残念だと感じたのか、何が原因でいまいちだったのかの言語化を独力で行うことは難しいのです。

　何か欲しい物を聞く際も、「欲しい物」の候補にあがるのは、その人が知っている選択肢やその人のもつ常識の範囲内のものでしかなく、先の類いの範疇を超えるものが「欲しい物」として出てくることは非常に稀です（とくにフォーカスグループインタビューでは、他の被験者も同席するという状況から生じる、他の人の意見に流されたり、「周りにこう見られたい」という見栄を意識したりといった、「状況に合わせた返答」が顕著に表われることが多くあります）。

　こうした背景から、顧客の声や意見は打ち手の検討には弱いといえるのです。

バリュー・プロポジションの
つくり方

　これまでの章で、企業は顧客の状況理解を踏まえて、もちうる機能（資源・リソース）を統合しながらプロダクト・サービスを企画し、その体験について顧客に提案する（バリュー・プロポジション）ことを見てきました。

顧客はその提案を受けいれる形で実際のプロダクト・サービスを試し、価値を実感できれば生活や仕事に取り入れ、結果として顧客の状況が改善されます。

　本章では、これまで登場したキーとなる状況・機能・価値（または体験）について、より具体的な検討の仕方を補足します。

バリュー・プロポジションづくりの振り返り

バリュー・プロポジションの意味と向き合い方

　これまでの話を踏まえ、バリュー・プロポジションとはどのようなものか見ていきましょう。バリュー・プロポジションは、体験のコンセプトであり、プロダクト・サービスに反映されると、その反映された要素が特定の状況で知覚され、使われることで、顧客が「価値がある」と認識し、購入したり使い続けられたりするといえます。

　価値があると認識し、使い続けることによって、顧客はそのプロダクト・サービスがある前の状況（状況A）から、そのプロダクト・サービスが生活や仕事に組み込まれたよりよい状況（目指したい状況B）へと進歩したと考えることができます。

　バリュー・プロポジションの目指すところは、顧客の状況Aから、企画者自らが導きたいと思う理想状態に顧客とともに近づけていく取り組みをし続けることです（図4-1）。理想状態はあくまでも理想として抽象的に描かれるため、完璧に実現されることは難しく、本質的には達成自体が難しいものです。

　一方の状況Bは、あくまでもプロダクトやサービスを用いた「結果の

状態」であり、企画者が一方的にコントロールできないものです。企画者は概念としての理想状態に近づけるべく、顧客と企画者が協働して実現することができる「目指したい状況B」を仮置きし、その実現に向けて状況Aや機能を組み合わせながら検討を進めていきます。この一連が取り組みがバリュー・プロポジションをつくる営みといえるのです。

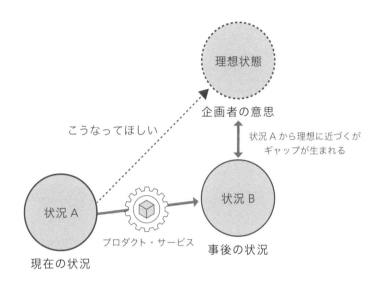

■ 図4-1　目指したい状況Bと理想状態

　バリュー・プロポジションをつくるためには、企画者の意志である「理想状態」の検討が必要です。というのも状況Aは顧客の現状を顧客リサーチ（第7章参照）などのインプット収集活動で担保できるものの、その状況の「進歩」の結果先である状況Bは、自然とどれか一つに定まるということではありません。そもそも状況Bはプロダクト・サービスを経験した後の事後状態、つまり提供者の提供するものと実際の顧客の相互

作用の結果であるため、顧客側だけ、または企画者側だけで決まるものではありません。

　また、たとえ顧客に「どんな状態になりたいか」の意見を聞いたとしても、顧客自体が認識している選択肢の範囲でしか答えることができないため、状況改善がとても限定的なものとなってしまいやすいですし、同じ状況にある人たちでも、顧客ごとに進歩したい方向性を別々に意見する場合も当然あります。

　たとえば、夜に電気をつけていても部屋が薄暗く感じる状況（状況A）にある人がいるとします。このとき「部屋が明るい状態になること」が、その人にとって理想の状態としてとらえることができますが、「明るい部屋」も多岐にわたります。雰囲気としての明るさ・暗さに関する状況として認識する人もいれば、読書をするうえでの明るさ・暗さの話をしている人も交じってきます。また、光に対する考え方についても、明るすぎる光や特定の色調の光を浴びると疲労感を感じやすくなる人もいるかもしれません。

　このように、さまざまな顧客の状況Aをより詳細に見れば見るほど、事後状態である状況Bの候補も無限に出てきてしまい、顧客起点のみで決めることは困難です。ここで登場するのが意志としての理想状態です。理想状態を決めることで、結果であり何通りも存在しうる状況Bに対して「目指したい状況B」という仮説をもつことができます。目指したい状況Bは、企画者であるみなさんが元来どんなことをしたいかの意志に照らし合わせて決めていくしかありません。

　状況Aが無限に解像度を高めることができる以上、結果として想定される状況Bも無数にあり、定めることが難しいためです。状況Aに関するインプットや自分たちの取り組みでできること（機能）などの材料を一

通り取りそろえるだけでなく、理想状態という名の顧客に対する「こうなってほしい」「こういう進歩を提供したい」という想いをもって、バリュー・プロポジションの検討を進める必要があります。

バリュー・プロポジションのつくり方

改めてバリュー・プロポジションのつくり方を簡単におさらいします。本書で定義するバリュー・プロポジションは、顧客の状況の進歩（状況A→目指したい状況B）を、顧客に価値を感じてもらいながら実現するための体験のコンセプトです。この体験コンセプトを組織をあげて実行していきます。

バリュー・プロポジションの導出のために必要な要素は以下の4つです。

① **現在の状況**（状況A）
② **機能**
③ **目指したい状況**（状況B）
④ **体験コンセプト**（≒バリュー・プロポジション）

これらの要素の関係性を図解すると図4-2のようにダイヤモンド（ひし形）になることから、本書ではバリュー・ダイヤモンドとよんでいます。

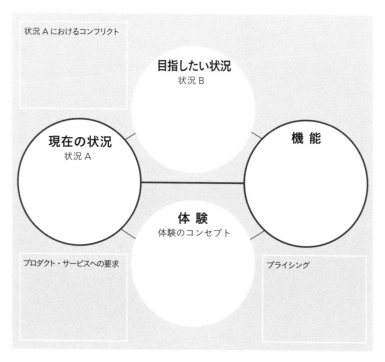

状況 A におけるコンフリクト

目指したい状況
状況 B

現在の状況
状況 A

機 能

体 験
体験のコンセプト

プロダクト・サービスへの要求

プライシング

■ 図4-2　バリュー・ダイヤモンド

　状況Aの中でも顧客の葛藤である「コンフリクト」を探索しながら、「機能」で進歩させることが可能なコンフリクトを抽出していきます。状況A・コンフリクトを踏まえて、企画者としての「理想状態」を加味した「目指したい状況B」の検討や機能の洗い出しを行います。

　「現在の状況」「目指したい状況」「機能」がそろったら、どんな「体験」を提供したら「目指したい状況」に近づけることができるのか、そのために必要な要件は何か、そういったプロダクト・サービスはどのような伝え方をすることで、どのような反応をされるのか、ということを一連の流れとして検討します（このときの「体験」には顧客が享受できる便益だけ

でなく、対価である「プライシング」や課金のされ方も検討すべき要素として含まれます）。

このアプローチで検討できるのは、顧客に価値を感じてもらう≒進歩を生み出す体験の方針を具体化したプロダクト・サービスをつくるための考え方としてまとめてきました。以降では、この内容を検討しやすいフォーマットに整理した「バリュー・ダイヤモンドボード」を説明していきます。

バリュー・ダイヤモンドボード

バリュー・ダイヤモンドボードの概要と構造

バリュー・ダイヤモンドボードとは、バリュー・プロポジションの仮説を立て、検証を行い、アップデートしていく、というサイクルを回すためのフレームワークです（図4-3）。このフレームワークは、状況Aと機能から体験コンセプトを考える流れと、状況Aや機能から検討主体の意志である理想状態と目指したい状況Bを考えて、取り急ぎ提供する「体験」に落とし込む流れの両立ができる枠組みとなっています。

状況Aの中でも特筆すべき観点であるコンフリクトや、機能および体験コンセプトをプロダクト・サービスの要件に落とし込むための要求項

目、体験の一要素として欠かすことができないプライシングに関する付記ができます。加えて、検討時点でのバリュー・プロポジションは、それ自体が仮説であることから、顧客に理解可能な「提案」まで具体化し、顧客に当てて「反応」を見ることで仮説の精度を高めていくことができます。

　バリュー・プロポジションの仮説を立て、検証を回してアップデートしていく取り組みはある程度の時間を要する営みとなるため、検討メンバーが増えると何が最新の仮説なのかあやふやになってしまうことが多発します。

　現時点でのバリュー・プロポジションの仮説はどのようなもので、どのような検証が行われてきたのかを複数部署にまたがる各メンバーが参照しに来られる「ボード」として活用するイメージを想定しています。

バリュー・ダイヤモンドボードの使い方

　バリュー・ダイヤモンドボードは、バリュー・プロポジションの仮説を立てるパート（図4-3上部）と、検証するパート（図4-3下部）に分けることができます。

　バリュー・プロポジションの仮説を立てるために重要な要素として、これまで説明してきた、現在の顧客が置かれている状況である「状況A」と、企画者としてかくあるべきと決める理想状態を反映した「目指したい状況B」、企業や検討チームで「できること」を示す「機能」、それらを踏まえて顧客に享受してもらう「体験コンセプト（バリュー・プロポジション）」の4要素に分けることができます。状況Aはデプスインタビューなどから導出するもので、目指したい状況Bは担当者の意志で記載するも

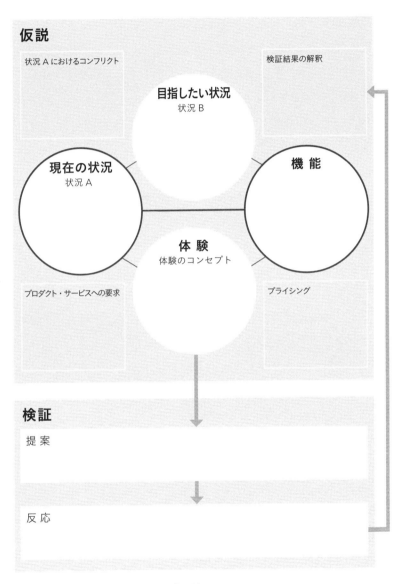

■ 図4-3　バリュー・ダイヤモンドボード

の、機能は洗い出すものとして整理できます。

　状況Aについてデプスインタビューなどで顧客の解像度を高めていくと、いまの状況から脱すること・変化することを志向する葛藤（コンフリクト）を抽出することができます。このコンフリクトは、機能の選択や目指したい状況Bを考えるうえで重要な思考の刺激となるため、明示的に記載することをおすすめします。

　また、状況Aや目指したい状況B、機能を踏まえて体験コンセプトを検討した後、それを顧客が直接触れることができるプロダクトやサービスに落とし込む必要があります。第3章でも説明してきましたが、与えたい「体験」を提供するためにはその器となるプロダクトやサービスが必要となります。

　このプロダクトやサービスを考えるうえで、提供したい体験を下支えするために必要な要望を明示的に記載することで、開発を担うチームとの認識の齟齬が生まれづらくなります。加えて、体験コンセプトの検討を行う中で欠かすことができないものが、プライシングです。

　顧客が何かしらの形で課金をされる場合、その課金のされ方も重要な顧客体験の要素となります。サブスクリプション形式で課金されるのか、都度払いなのか、直接の支払いが発生しないのか、また金額はどのようなものと比べてもらうのかといった要素についても明示することで、提供したい体験の方向性をより精緻に検討することができます。

　もちろん、プライシングやマネタイズ方法については、調達や開発などコスト構造、前提となるビジネスモデルなど、さまざまな要素を加味して決めることになりますが、体験価値を考えるうえでも重要な要素となるため、このタイミングであわせて考慮することをおすすめします。

　検証するパートについては、仮説パートで埋めた項目を踏まえ、顧客

から見てメリットとして感じてもらえるようなメッセージに落とし込む「提案」の項目と、実際にデプスインタビューで顧客に見せたうえでの「反応」を記述する項目を設けています。

このバリュー・プロポジション仮説の検証については、第7章「状況をとらえるリサーチ手法」にて詳細を記載していますが、仮説のどこをどう直すといいかのインプット取得が難しい定量調査での検証ではなく、因果関係をとらえることができるデプスインタビューで行います。

デプスインタビューで得られた反応に対して、その結果をどのように解釈できるかのメモを残し（「検証結果の解釈」）、状況Aや状況B、機能や体験の項目に対するアップデートを記載するサイクルを回すことができるようになります。具体的なボードの埋め方については、第6章「バリュー・ダイヤモンドボードの書き方」をご覧ください。

バリュー・ダイヤモンドボードの 活用シーン

フェーズごとの活用イメージ

バリュー・ダイヤモンドボードは、次のそれぞれのフェーズで利用できます。

- 新しいプロダクト・サービスを企画するフェーズ
- 企画案を具体化していくフェーズ
- 具現化したものをマーケットに適合させていくフェーズ
- その後の成長を目指すフェーズ

　新しいプロダクト・サービスを企画するフェーズでは、白紙からバリュー・ダイヤモンドボードを埋めていくことになります。ここではとらえるべき状況の仮説の確かさや、打ち手の方向性の検証を行いながら、バリュー・プロポジション仮説をつくり、検証し、壊し、またつくるということをくりかえしていきます。スタートアップ界隈などで使われるフィットジャーニーにおけるCPF（カスタマー・プロブレム・フィット）やPSF（プロブレム・ソリューション・フィット）での重要な要素として活用できます。バリュー・ダイヤモンドボードの仮説・検証サイクルを回すことで、顧客の状況をとらえ、価値として認識されうるプロダクト・サービスの方向性を導出することができるようになります。

　企画案を具体化していくフェーズ、具現化したものをマーケットに適合させていくフェーズ、つまりフィットジャーニーにおけるSPF（ソリューション・プロダクト・フィット）やPMF（プロダクト・マーケット・フィット）では、組織が大きくなり細分化されていく中で、指針とすべきバリュー・プロポジションの認識の齟齬が起こらないようするためのよりどころとして機能するようになります。

　企画当初からチームにいるメンバーからすると当たり前の認識が、新しく参画したメンバーにとっての当たり前とは異なることが多く、とくにバリュー・プロポジションについての認識は解釈のズレを引き起こしやすい要素の一つといえます。現状を示す状況A、意志としてもってい

きたい方向性を示す目指したい状況B、着目している機能、与えたい体験コンセプトを一つのドキュメントとして管理することで、細部まで伝達しづらいバリュー・プロポジションの意識合わせに有用です。

　大事なところですので、SPFのフェーズとPMFのフェーズを個別に見ていきます。企画された打ち手をプロダクトに落とし込むための開発を行うSPFのフェーズでは、開発を担うチームと企画を担うチームとの間で顧客の状況理解に対する解像度の違いが生じ、その差分がプロダクトのUXを決めるうえでも重要な観点となりえます。企画時点で指針とされた状況や与えたい体験をドキュメントとして管理し、プロダクトをつくり、検証を行う過程でプロダクトとバリュー・ダイヤモンドボードの双方を修正していくことで顧客に価値を感じてもらえるものをつくっていけるようになります。

　PMFフェーズではマーケットを探索しながらプロダクト改善も回していくことが求められます。SPFフェーズよりもチームの規模が大きくなります。開発チームだけでなく、事業開発的に営業やサポートのようなことを行いながらマーケットの反応をプロダクトに伝えるチームやプロダクトの打ち手の方向性を考えるチームなどが必要になる中、そのよりどころをつくっていく必要があります。バリュー・プロポジションを定義し、運用していくためにバリュー・ダイヤモンドボードにその役割をもたせることができます。

　その後の成長を目指すフェーズ（運用・改善など）では、職種や業務シーンごとでの活用イメージが異なる形となりますので、詳細は次項で触れていきます。

業務シーンごとの活用イメージ

　具体的な業務シーンでいうと、プロダクト・サービスの改善を回したりリテンションを担ったりする企画業務、顧客の獲得を担うマーケティング関連の業務、BtoBでは頻繁に目にする事業企画・事業開発といった業務などの幅広い領域で活用できるものとなっています。

　たとえば、あるアプリの改善・企画に関する業務における使い方を考えてみましょう。すでにリリースして利用者もいるアプリにおける「状況A」は、そのアプリを利用しているシーンについて記載していきます。その中でも利用者が使い勝手が悪いと感じていたり、無意識的に使いづらいと感じていそうなコンフリクトに着目すると、その観点において企画者としてどのような進歩を生み出すとよいと思えるのかを考えることで、「目指したい状況B」を記載できるようになります。

　現状のアプリを目指したい状況Bに近づけるために、新しい機能が必要なのか、念頭におく改善期間やリソースなどとの兼ね合いを見つつ「機能」を記載することで、着手している取り組みにおける打ち手としての「体験コンセプト」を記載することができます。この一連の取り組みを経て、アプリの改善・企画におけるバリュー・プロポジションの「仮説」を考えることができます（図4-4）。

　「仮説」を記載したら、今度は「検証」の手順を整えましょう。バリュー・プロポジションのような抽象概念は、それ単体で利用者に対して検証することが難しいため、利用者が判断可能な具体的なものに落とし込む必要があります。

　バリュー・プロポジションを検証する場合は、与えたい体験をイメー

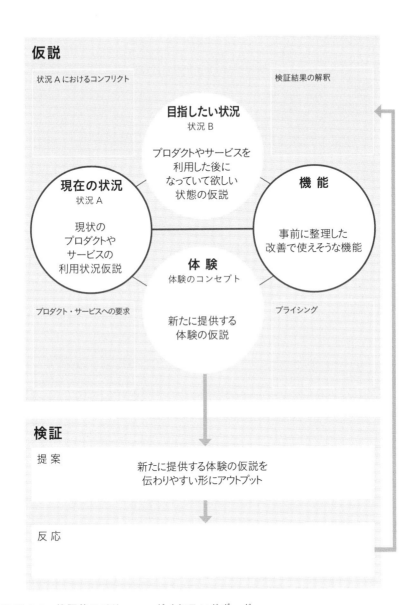

状況Aにおけるコンフリクト　　　　　　　　　　検証結果の解釈

目指したい状況
状況 B

プロダクトやサービスを
利用した後に
なっていて欲しい
状態の仮説

現在の状況
状況 A

現状の
プロダクトや
サービスの
利用状況仮説

機　能

事前に整理した
改善で使えそうな機能

体　験
体験のコンセプト

新たに提供する
体験の仮説

プロダクト・サービスへの要求　　　　　　　　　プライシング

検証

提　案

新たに提供する体験の仮説を
伝わりやすい形にアウトプット

反　応

■ 図4-4　検証前のバリュー・ダイヤモンドボード

ジできる具体的な「提案」とよべる程度のアウトプットに落とし込まなくてはいけません。アプリの改善企画の場合は、アプリの改善方針をイメージできる程度に可視化したものや、プロトタイプとしてある程度動く状態まで具現化したものが該当します。こうしてできた「提案」は、深掘りができる顧客調査手法であるデプスインタビューによって検証できる状態になるのです（図4-5）。

デプスインタビューを通して提案に対する顧客の「反応」を結果として整理すると、バリュー・プロポジション仮説の各項目に対してフィードバックをかけられるようになります。アプリの改善方針の検証の場合、改善方針が実装された場合の状況Bはどうなりそうか、もともと仮説としてとらえていた「目指したい状況B」はどのように軌道修正するか、新たに見据えた目指したい状況Bを踏まえて機能や体験はどうあるべきかなど、次の改善企画に役立つ検討を行うことができるようになります。

今回取り上げた例としては、既存アプリの改善・企画業務でしたが、ある程度バリュー・ダイヤモンドボードの記載項目が埋まった状態や新しいプロダクト・サービスを立ち上げる場合以外でもバリュー・ダイヤモンドボードを用いることでバリュー・プロポジションをつくり、更新していくことができるようになると考えています。

バリュー・ダイヤモンドボードの適用範囲

バリュー・ダイヤモンドボードは、顧客価値に関する検討シーンであれば、おおむねすべてのシーンで活用できます。よく「BtoCのエンドユーザーを相手にしたビジネスでないと使えないのではないか?」という質問がありますが、BtoB向けのプロダクト・サービスであっても、価

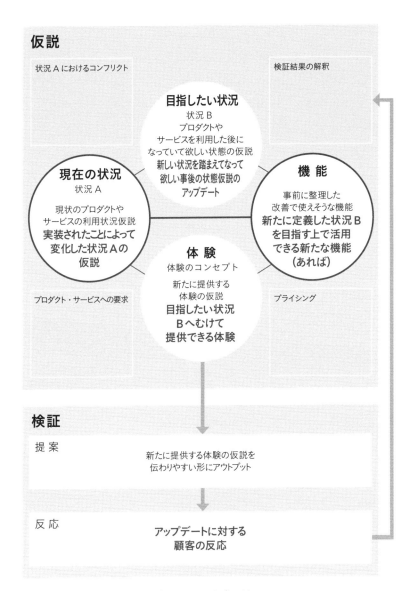

仮説

状況 A におけるコンフリクト

検証結果の解釈

目指したい状況
状況 B
プロダクトや
サービスを利用した後に
なっていて欲しい状態の仮説
新しい状況を踏まえてなって
欲しい事後の状態仮説の
アップデート

現在の状況
状況 A

現状のプロダクトや
サービスの利用状況仮説
**実装されたことによって
変化した状況 A の
仮説**

機 能

事前に整理した
改善で使えそうな機能
**新たに定義した状況 B
を目指す上で活用
できる新たな機能
（あれば）**

体 験
体験のコンセプト

新たに提供する
体験の仮説
**目指したい状況
B へむけて
提供できる体験**

プロダクト・サービスへの要求

プライシング

検証

提 案

新たに提供する体験の仮説を
伝わりやすい形にアウトプット

反 応

**アップデートに対する
顧客の反応**

■ 図 4-5　検証後のバリュー・ダイヤモンドボード

値を認識する顧客は存在します。

　一般的に、BtoBでは意思決定者と検討主体が異なったり、検討主体と利用主体が異なったりする場合が多くあるため、誰にとってのバリュー・プロポジションかが複雑になりがちではあります。また、状況が限定的であったり、公開されている情報が少なかったりと、企画者から見て状況のイメージがしづらい点も検討を複雑にする要因と考えられます。

　ですが、それぞれの状況を的確にとらえていくことで、複雑で検討が難しいBtoBのプロダクト・サービスにおけるバリュー・プロポジションであっても、このボードを活用することで検討を前に進める取っ掛かりとなります。

　一方で、バリュー・ダイヤモンドボードでは収益性の検討は対象外となります。バリュー・ダイヤモンドボードはあくまでも価値を認識してもらうためのプロダクト・サービスをつくり、アップデートすることをテーマとしたものであり、バリュー・プロポジションおよびその周辺であるプロダクト・サービスづくりを支援するものに限定されます。

　価値の認識に影響を与える体験の一要素として、プライシングについては触れていきますが、プロダクト・サービスを用いてどのように収益化するかの議論については、ビジネスモデル・キャンバスやリーン・キャンバスなど、その検討のためにつくられたフレームワークの利用をおすすめします。

組織としてボードを活用する意味

　バリュー・ダイヤモンドボードはバリュー・プロポジションという複

数人で解像度高く共有することが難しい概念を、企画・運用にかかわる
チームメンバー全員で共通見解として可視化できます。

　プロダクト・サービス開発の企画・立ち上げフェーズは、多くの場合
数名が中心となって検討を進めていきます。このフェーズでは抽象的な
論点も多く、仮説中心での議論が多くなり、コミュニケーション頻度は
密になる傾向にあり、結果的に検討している内容がチーム内で同期され
た状態になります（図4-6）。

　フェーズが進み、メンバーが増えてくると論点解消のプロジェクトが
組成されるようになり、中心メンバーの数も増えていきます。自然と同
期された状態から、意図的に共有を必要とするフェーズへと移り変わっ
ていきます。

　規模が大きくなり、運用が発生するフェーズになると、共通見解をつ
くることすら難しくなり、各部署やチーム単位で各命題に対してそれぞ
れの解釈が生まれてきてしまいます。

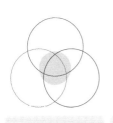

人数が少ないため、
共通部分がわかりやすい

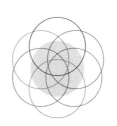

人が増えてきて、解釈の余地が
増えているが、全員共通の部分も存在

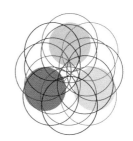

人数が増えると、全員で共通した認識が
取りづらく、部署やチーム単位で
それぞれの共通見解が複数存在

■ 図4-6　バリュー・ダイヤモンドボードの組織活用イメージ

バリュー・プロポジションについて、このような状態になってしまうとどうなるのか、少し考えてみましょう。最初のコアメンバー数人が検討している間は、どんな状況に対して、どのような進歩を生むべく、どんな機能を活用して、どういう体験を提供するのかが、多少の意識合わせを行うだけでチーム全体の共通見解をつくることができたはずです。

　フェーズが進み、人が増え、共通見解がつくりづらくなってしまうと、各チームが独自に設定・解釈した「対象となる状況」や「目指したい状況」「与えたい体験」が相互にズレを引き起こしてしまい、結果的に顧客の状況を進歩させられない事態が発生してしまいます。バリュー・プロポジション自体が抽象概念であり、かつその理解には「状況A」「機能」「目指したい状況B」といった抽象的な項目の理解をメンバー全員で行う必要があり、理解度合いを最低限に保つことすら難易度が高いと考えられます。

　バリュー・ダイヤモンドボードのように、考えるべき観点とその時点での検討内容が、部署・チーム横断の共通見解としてアウトプットされ、各チームの仮説検証の過程を踏まえて都度アップデートされ組織全体に還元される運用を行うことで、一本筋が通った軸のもとで事業やプロダクト・サービスの運営ができるようになり、結果として顧客が価値を感じる確度を高めることができるのです。

ペルソナと目標指向デザイン

　新しいプロダクトやサービスの企画開発やマーケティングの方針を考えるうえで、「ペルソナ」という手法を使ってきた方もいらっしゃると思います。

　ペルソナという言葉自体はもともとは心理学の領域においてカール・グスタフ・ユングが提唱した概念ですが、いまのようにビジネスの領域で導入したのは、アメリカのソフトウェアエンジニアだったアラン・クーパー氏が、彼の提唱する目標指向デザイン（Goal-Directed Design）という方法の中で用い始めたのが最初です[1]。

　彼がペルソナを必要とした背景として、たとえば自動車の場合はミニバン、ピックアップトラック、スポーツカーはそれぞれ3台の別の車としてつくるのが当たり前だけれども、ソフトウェアの場合はそれを一つにしてつくってしまうことが比較的容易にできてしまいます。

　すると、誰も欲しがらないような「スポーツカーのようなバン」（図）をつくってしまうことになる、つまり**みんなの意見を統合して、誰もがちょっとずつしか満足できないソフトウェアができてしまう問題**が起きていました。

　そこで、クーパー氏は異なるゴール（目的）をもったユーザーをペルソナとして分類し、そのペルソナ一人のためにソフトウェアをつくる方法

1　アラン・クーパー著、山形浩生訳『コンピュータは、むずかしすぎて使えない！』翔泳社（2000）

第4章　バリュー・プロポジションのつくり方

■ 図　スポーツカーのようなバン

論を生み出しました。その際、ターゲットにすべきペルソナはもちろん
ですが、ターゲットとしないペルソナも明確にすることで、ソフトウェ
アの設計の洗練に役立てていました。

　ペルソナの選定は、製品設計に大きく影響するような戦略的な判断で
あり、またソフトウェア開発の中で顧客のゴールを把握しながら、ニー
ズの予測に役立てる意図があったわけです。

　本書の顧客の状況という考え方も、顧客の特定の状況を切り取って
ターゲットとする（状況ターゲティングともいえます）側面があり、このよう
なペルソナの本来の意図とつながる部分があります。

バリュー・プロポジション
温 故 知 新

　第5章ではバリュー・プロポジションの原典といわれる文献にあたり、顧客のためだけではなく「組織のアラインメントのためのバリュー・プロポジション」という逆説的な狙いについて掘り起こしながら、バリュー・プロポジションが目指す一つのゴールイメージとして、クリステンセン氏の「パーパス・ブランド」をご紹介します。

バリュー・プロポジションの原典

価値を届ける仕組み

　本書の書名にも入っている「バリュー・プロポジション」というコンセプトが初めて提示されたのは、1988年にマッキンゼー&カンパニー社で書かれた社内向けの小論といわれています。著者はマイケル・ラニング氏[1]とエドワード・マイケルズ氏の2人で、論文タイトルは「事業とは価値を届ける仕組み（A BUSINESS IS A VALUE DELIVERY SYSTEM)」です。

　この論文の冒頭のサマリーには、次のように書かれています（和訳は筆者）。

　　"顧客は卓越した価値（ベネフィットからプライスを引いたもの）があると思うモノを選ぶ。競争優位とは、十分な顧客に対し、十分低いコストで優れた価値を提供し、富を生み出すことです。
　　つまり、ビジネスとは卓越した「価値」を提供するためのシステムです。このシステムは、まず優れた「バリュー・プロポジション」

1　ラニング氏は、日本でもファブリーズなどのブランドで有名なP&G社出身であり、インタビューでも、そこで強い顧客中心的な考え方を身につけたといっています。https://journals.sagepub.com/doi/10.1177/2394964319890508

を選択し、それをビジネスの全体的な仕組みを通じて具現化し、それを伝達することで機能します。そして、この価値の提供を統括・管理することが、経営陣の主要な仕事となります。"

　ラニング氏らの顧客志向の強さがうかがえる文章です。ここでいう「価値」とは、顧客にとっての価値です。つまり、ビジネスとは顧客に価値を届ける仕組み・システムを組織をあげてつくることです。
　「価値を届ける仕組み」とは具体的にはどんなものを指すのでしょうか。論文によると、図5-1のような図解が付与されています。企業組織はさまざまな機能（開発部門、宣伝部門など）からできていますが、製品（product）を中心に据えると上の形に、一方で価値（value）を中心に据える

価値を届ける仕組みとしてのビジネス

■ 図5-1　ラニング氏らの「価値を届ける仕組み」

と下の形になります。

　まず「製品志向」のほうですが、製品づくりを中心にした組織のあり方で、3つのステップに紐づく形で各機能が組み合わさっています。

① 製品を創造する（Create the product）：製品設計、プロセス設計
② 製品を製造する（Make the product）：調達、製造、サービス
③ 製品を販売する（Sell the product）：マーケティング、販売＆流通

　つまりはアイディアを生み出して、開発ラインを用意して大量につくりつつ、宣伝して、販売・流通する、つまり「優れたモノをつくって届ける」というものです。

　一方「顧客価値志向」のほうは、顧客にとっての価値づくりを中心にした組織のあり方です。

① 価値を選ぶ（Choose the value）
　価値の理解、ターゲット選定、便益の定義
② 価値をつくる（Provide the value）
　製品設計、調達／製造、流通、サービス、価格
③ 価値を伝える（Communicate the value）
　メッセージ、宣伝、プロモーション／PR

　こちらは、組織の機能ごとに、どのように卓越した顧客価値を届けるかに向き合っています。

　この2つの組織のあり方のもとでは、同様な機能でも期待される行動様式が大きく異なってきそうです。たとえば、製品の流通部門の役割と

して、商品やサービスが滞りなく届くよう管理することは当然ですが、卓越した顧客価値を提供するシステムを志向した組織では、自部門においても顧客価値向上の機会がないか考えることが求められ、たとえばデジタル部門と連携してAmazonのようにタイムリーな情報通知サービスにより尽力するかもしれません。

あえて注目したいのが「価値を**選ぶ**（**Choose** the value）」という表現です。普通なら「価値を**つくる**（**Create** the value）」といいそうなところですが、第1章でもお伝えしたように、あくまで価値は顧客自身の知覚であり、提供側の企業単独ではつくり出せません。本書のいい方ですと、顧客にとって改善できそうな状況を選ぶことといえます。

製品を中心にした場合、その組織にとってつくって販売したい「製品」という、組織にとって共通の対象がありますので、各組織が足並みをそろえて協働することは想像しやすいと思います。顧客価値を中心とした場合は、何を対象にして共通認識をもつべきでしょうか。そこでラニング氏らは、**組織が届けたい価値とは何かの共通認識をもつために「バリュー・プロポジション」が必要**だと考えました。

これは、どういうことでしょうか。実は前述の論文では、バリュー・プロポジションの明確な定義は記載されていませんが、後の2019年のラニング氏へのインタビュー記事[2]の中で、インタビュアーからの「バリュー・プロポジションとは何ですか？」という質問に対して、下記のように回答しています（和訳は筆者）。

2　"Interview with Michael J. Lanning on Value Proposition (& Value Delivery)", https://journals.sagepub.com/doi/10.1177/2394964319890508

"（中略）バリュー・プロポジションには、顧客が価格（あるいは他の価値あるもの）と引き換えに得られる具体的な体験のシナリオが含まれています。顧客は、このシナリオにおいていくつかの価値を実感し、認識することになりますが、それは便益やポジティブな経験、価格やコスト、ネガティブな経験など（すなわちトレードオフ）を含みます。すなわち、それが「VP（訳注:value proposition）」です。"

　つまり、**顧客が何を期待し、その期待に対してどのようにプロダクト・サービスが応答し、そしてその結果顧客が何を感じるかを含む全体的な体験が「バリュー・プロポジション」**が提供するもの、ということです。その際、顧客にとってもトレードオフがあり、たとえば確かに便利だが少し価格が高い、または安いけれどサポートが少ない、なども含まれます。

　本書でご説明してきた、顧客の状況を見る考え方と通底するものです。事業として、顧客の状況をどう改善しうるかを考えることは、その状況におかれた顧客のさまざまな経験や知覚に思いをはせることになります。

バリュー・プロポジションは
戦略であり、メッセージではない

組織へのエコーイング

同インタビューの中で、ラニング氏はバリュー・プロポジションのよくある誤解についても述べています（和訳・太字は筆者）。

"（バリュー・プロポジションとは）戦略であり、メッセージではありません。バリュー・プロポジションは、顧客に何を理解してもらいたいかを明確にするものであり、コミュニケーション方法を推進し導くものであるべきですが、文字通りメッセージであってはなりません。**バリュー・プロポジションは、戦略についての合意を得るための社内文書です**。戦略の実行は、メッセージングも含め、バリュー・プロポジションに従って行われます。"

"勝敗を分けるのは、バリュー・プロポジションの選択ではなく、それが提供され、伝えられる際の徹底ぶり、一心不乱さ、そしてその革新性にあります。"

たしかにバリュー・プロポジションと聞くと、多くの人が差別化された売り文句を顧客向けにつくることをイメージされると思いますが（ただ顧客に出す緊張感でつくることはとても重要です）、それはバリュー・プロポジションの目的の一部です。本質的には、事業をつくるチームが解決したい顧客の状況と、体験価値の共通認識のために作成され、運用されるべきものです。

　つまり、誰のどんな状況でどのような価値を提供しようとしているかについて、チームが徹底して同じものを見ながら業務遂行できるように役立てることです。バリュー・プロポジションは顧客のためでもありながらなかば逆説的に、内部の組織のためにあるということです。

　これは近年のカスタマー・エクスペリエンス・マネジメントなど、全社のあらゆる顧客接点において一貫したコンセプトのもと体験を提供していくことで顧客価値を高めながら事業インパクトを生む事業マネジメントの考え方を、先取りしたような考え方です。

　ラニング氏は、リーダーはバリュー・プロポジションの**組織へのエコーイング**（echoing：反響、共鳴）を意識せよといいます。いってしまえばチームへの浸透、組織への浸透ですが、「エコーイング」という語感から、リーダーによる上意下達ではなく、チーム自身がバリュー・プロポジションに納得して行動して改善する、こだまのようなコール＆レスポンスや、自律的なイメージも想起されます。

　顧客にどんな価値提供したいかを頭で理解しているだけでなく、チームが顧客への肌感をもって自らの頭で考えて実行し、そのフィードバックから理解したことをまた自身の仕事や組織に反響させるような、相互浸透のイメージがあります。

　近年のカスタマー・ジャーニーや経験価値、体験価値、UXといった

キーワードに代表されるよう、顧客に注目した事業運営はもはやスタンダードになりつつあります。一方で、DXを背景に加速的に進化する技術をすばやく事業に取り入れて顧客価値に転換していかなければならない中で、顧客と接する最前線にいる現場の自律性はますます期待されることだと思います。

パーパス・ブランド

パーパス・ブランド（Purpose Brand）とは「ジョブ理論」をベースとした、クリステンセン氏が提唱する製品ブランド構築の考え方です。世界では毎年30,000もの新しい消費財が発売されますが、その90%以上は消失するそうです。顧客に対し自社製品の強力なブランド・アイデンティティを構築するためには、「顧客が何かを成し遂げよう」と思った矢先にその製品が想起されるべきだと考えます。

「近くで仕事できそうなカフェないかな」「この単語の意味は何？」と何かを調べたい状況になったと同時にGoogle MapやGoogle Chromeを立ち上げて検索してしまうように、顧客の特定の目的＝パーパスに強く結びついたブランド構築を目指すべきだと考えます。

広告を通じて顧客の「第1想起」としての認知を得ることにとどまらず、プロダクトやサービス全体も含めた形で顧客の成し遂げたい体験の実現や信頼獲得に向かっているという点で、一段深い取り組みになります。

なお、ここでの「顧客の特定の目的」「顧客の目的達成」という表現はクリステンセン氏によるものですが、必ずしも顧客は自分が何の目的で行動しているかについて自覚的ではないため、事業者として第三者的に

顧客を観察した結果、「顧客にはきっとこういう目的がある」と解釈しよう、という意味で筆者らはとらえています。

パーパス・ブランドのつくり方

　クリステンセン氏によると、強力なパーパス・ブランドを支える土台として、3つのレイヤーが必要だといいます（図5-2）。

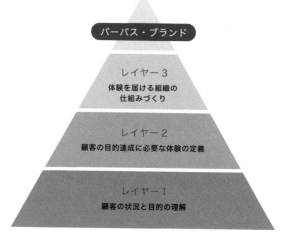

■ 図5-2　パーパス・ブランド

レイヤー1：顧客の状況と目的の理解

　一番下の基盤で全体を支えるのは、顧客理解になります。クリステンセン氏のジョブ理論でいうところの「顧客の成し遂げたい用事」であり、特定の状況において顧客が成し遂げたい進歩は何かを理解してターゲットとして定義することです（また顧客の状況は変化するため、その理解をアップデートしつづけることも重要です）。

顧客が最下層にあるのは、人々が特定の用事を推進するために雇うプロダクト・サービスは時代とともに大きく変化するかもしれませんが、用事そのものは比較的安定しています（またはそういったものを対象にすべきです）。食事したり、何かを売り買いしたり、副業でお金を稼いだりすることは、おそらく30年後もなくならないでしょう。そこまで一般化された目的では、他社優位な価値提案をつくりだすのも困難でしょうから、実際にはもう少し特定の状況でのコンフリクトを見つけてアプローチします。

レイヤー2：顧客の目的達成に必要な体験の定義

　顧客がある状況で果たしたい目的を完璧に遂行するためには、どのような道具立てと支援が必要かを考えます。つまり提供すべきプロダクトやサービスを定義するところです。重要なのは、プロダクトがもっている一連の機能ではなく、顧客が望む進歩を実現するのに役立つ体験につながるかどうかです。

レイヤー3：体験を届ける組織の仕組みづくり

　レイヤー2を青写真に、必要な体験を確実に提供するためのシステムを設計します。顧客の体験を軸とした仕組みを考えることは、製品の仕様から販売に至るまで、あらゆるところに影響を与える可能性があります。戦略や返品ポリシー、さらには在庫管理や人材獲得などの社内プロセスなどまでを統合的に管理します。

　パーパス・ブランドについて、世界最大の家具量販のコングロマリットであるイケア社を例に、クリステンセン氏らの解釈についてご紹介し

ます。

　イケア社がターゲットとする顧客の用事は**「そうだ、今日模様替えしよう」**と思った瞬間です。このような状況を所有するのはおそらく「引っ越しを機に新居の家具をすぐそろえる必要のある人」であり、新婚の夫婦だったり、大学の進学で転居してきた子供の親だったりするかもしれません（レイヤー1）。この目的をかなえるパーパス・ブランドを目指します。

　この目的を支えるためには、家具店としてさまざまな体験を数多く提供する必要があります。たとえば家の中のすべての部屋の必要な家具をすべて取りそろえることができるワンストップショップの実現や、商品を素早くもち帰ってセットアップも楽であり、追加の工具なく自己完結して組み立てられる必要があります（レイヤー2）。

　そのために、巨大な店舗に大量の在庫を確保し、家中に必要な商品をキッチン・ダイニング・寝室といったテーマごとにまるごと展示できるようにしています。もち帰りやすい形態の「フラットパック」を発明し、ほとんどの商品が乗用車で簡単にもち帰ることができて、組み立てに必要な工具も一つだけで、それも箱に梱包されています。さらには、フードコートや両親が買い物に集中できるように子供の遊び場やデイケアも併設されています（レイヤー3）。

バリュー・プロポジション再考

事業全体の組み立てまでが射程

みなさんもすでにお気づきでしょうが、「パーパス・ブランド」と、ラニング氏らの「バリュー・プロポジション」との共通点はとても多く、両者からはともに顧客視点を中心にしながらビジネスを統合的に開発・運用していくというありようが感じとれます。

ラニング氏らは、製品中心の事業システムから、顧客中心の事業システムに転換するために、どういった価値提案をしたいか（バリュー・プロポジション）を中心にした「価値を選ぶ」「価値をつくる」「価値を伝える」という事業の組み立て方を提案しました。

イノベーション経営理論家であるクリステンセン氏は、イノベーションを生み出すために、顧客に関するより突っ込んだ理解として「顧客の片付けたい用事（ジョブ）」を中心に、いわば「用事を選ぶ」「体験をつくる」「仕組みをつくる」という事業の組み立て方を提唱し、その結果として「パーパス・ブランド」がつくれると提唱しています。

このように、バリュー・プロポジションには事業全体を顧客の価値づくりのためにどう組み立てていくかという射程があります（図5-3）。第1

章でご説明したとおり、顧客の価値に対する知覚は情動とつながっており、非常に複雑で繊細なものといえます。

そのデリケートなものに対して、事業という荒くて大きなものを正確にあてていくためには、組織全体のコーディネーションが重要になっていきます。

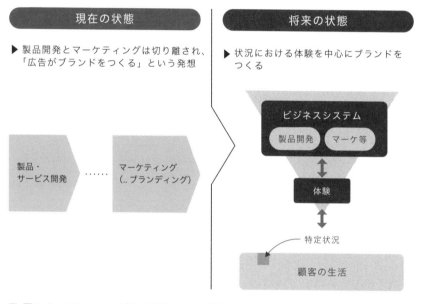

■ 図5-3　バリュー・プロポジションの射程

本書のいい方では、バリュー・プロポジションとは、現在の状況をよりよい状況にアップデートするために提供するプロダクトやサービスやマーケティングメッセージまでを顧客目線でコーディネーションすること、ということになります。

その際、シンプルかつ深く顧客目線を誰でも得られる「顧客の状況」

という考え方が役に立つ、というのが本書でお伝えしたいことでした[3]。

あと出しで
バリュー・プロポジションに気づく

組織をあげて顧客への気づきを最大化するために

　バリュー・プロポジションは、顧客の状況変化とともに移ろい変化していくものとも考えられます。もちろん、最初からすべてを見越したようにバリュー・プロポジションを決め打ちして事業づくりを行う努力はしますが、実際の顧客現場で生まれる価値認識を後から見つめ直し事業を発展的に再定義するようなことも必要です。これは、本書の冒頭で引用した「事後創発」とよばれます。

　事後創発とは、一橋大学の藤川佳則氏らが提唱するコンセプトで、プロダクト・サービスが顧客の実際の状況で使われ、そこで当初思わぬ使われ方や発展性のヒントがみつかり、事後的に事業の発展につながっていくことです。顧客の背後に、当初気づいていなかった顧客の状況が見出されたり、顧客の状況が変化したり（たとえば身近なところではスマートフォ

3　なお、本書は必ずしも顧客志向に一辺倒というわけでもありません。第4章で示した目指したい状況Bや機能というのは顧客から出てくるものではなく、つくり手が描く世界観と意志が必要です。

ンやSNSの登場など）することは実際よくあります。

このような想定外に気づくためには、事前の想定が必要です。当たり前ですが、「何か思っていたのと違う」とわかるためには、何かを事前に思っていないことには不可能です。バリュー・プロポジションが定義されてチームで共有されることの意義は、**組織をあげて顧客に関する気づきが最大化する**可能性が高まる点にあります。

顧客の状況への思い違いや変化を察知するセンサーは、多いに越したことはありません。したがって、顧客に対する気づきを得る仕組みづくりは重要となります。そこでは顧客データだけでなく、その背後の因果関係を知るためのインタビューや行動観察といった専門のリサーチ機能も欠かせません。近年、UXリサーチとよばれるアプローチをとる企業も増えてきています。

想定外の状況に注目する

実際、顧客の状況をリサーチしていてもっとも面白い瞬間の一つは、まったく想定外の「顧客の状況」に巡り会うことです。念入りに顧客の状況仮説を考え、機能を考え、コンフリクトを考え、体験価値を考え、ようやくバリュー・プロポジションにたどり着いたのに、提案してみたら顧客からはまったく思ってもみなかった反応が返ってきた——といったことは営業の現場ではよくあると思います。

普通は落胆するかもしれませんが、それこそ新しい事業の軸を打ち立てる機会なのかもしれないのです。前提としていた状況Aが間違いだったと気づいたらいろいろな仮説が覆りますが、それはものすごいチャンスであることが多いのです。

想定外の状況に遭遇したときに感じる違和感について、クリステンセン氏も『ジョブ理論』（ハーパーコリンズ・ジャパン、2017）の中で触れています。不朽の名著である『イノベーションのジレンマ』（翔泳社、2001）で打ち立てた理論が、一体どのような産業にまで適用可能なのか、その境界線について彼も悩んだそうです。適用の境界を越えるような、自身の理論やロジックでは説明できない、例外のような現象のことをアノマリーとよびました。むしろアノマリーが見つかってはじめて、自身の理論の境界が見えてくるともいえるかもしれません。

　アノマリーを感じるときは、そこからいわゆるアブダクション（仮説的推論、仮説形成）につながることが多いのです。アブダクションとは、「個別の事象をもっとも適切に説明しうる仮説を導き出す論理的な推論」のことです。要するに「顧客の意外な行動の背景には、思いもしない状況があって驚いたけれども、実はこの状況は広がっていると思える。だとしたら、実は従来当たり前だったこのやり方ではない別のやり方のほうが……」というふうに思考が広がっていくことともいえるでしょう。

　人間が普段あれこれ頭で考えることよりも世界の現象のほうが広いのです。そうだとしたら自分の頭の中だけを探っていても何も生まれません。まずは外の世界をよく観察し、そこで起きていることに身をもって没入してみることが大事です。

　そして他人の言葉を分析すると、アノマリーが見つかるかもしれません。いや、偶然に期待せず、アノマリーがあるはずだとあえて目をこらして注意深く探してみるとよいでしょう。

　想定外を楽しむ、もっといえば想定外を探すことを楽しむことが、新しい事業の種を見つけることにつながるのです。だから「予想と違っていたと落胆せず、もっともっと想定外を楽しみましょう」と強くお伝え

したいと思います。

実践編

第 **6** 章

バリュー・ダイヤモンド
ボードの書き方

　第6章からは実践編として、第4章でご説明したフレームワークである「バリュー・ダイヤモンド」の記載の仕方について、具体的なサンプル事例をもとに解説します。

　同時にバリュー・ダイヤモンドボードの埋め方のパターンや、アップデートの仕方に関するコツもご紹介します。
　抽象的な説明だけではつかみづらい記載内容や粒度感について具体的なイメージをつかんで、実務に活用してみてください。

白 紙 か ら 埋 め る

バリュー・ダイヤモンドボードの書き方は、次の2つのアプローチが
あります。

- **アプローチ① 機能から埋める**
- **アプローチ② 現在の状況から埋める**

機能から埋めるアプローチは、機能と現在の状況から埋める場合と、
機能と目指したい状況から埋める場合に大別されます。埋める順番に若
干の差はあれど本質的には変わらないため、ここでは機能と現在の状況
から埋める場合について具体的な事例をもとに説明していきます。

アプローチ① 機能から埋める

第3章でも用いた少額・短期の自動車保険の例について、検討開始か
ら検証までを一通り行うところまで見ていきます。

機能と状況Aの記載

第3章でも整理したように、「機能」には「自動車保険における少額・

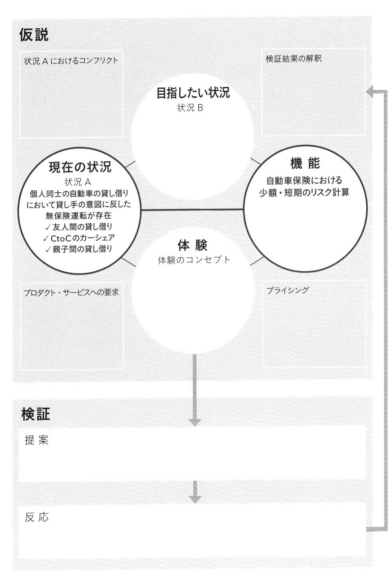

仮説

状況 A におけるコンフリクト

検証結果の解釈

目指したい状況
状況 B

現在の状況
状況 A
個人同士の自動車の貸し借り
において貸し手の意図に反した
無保険運転が存在
✓ 友人間の貸し借り
✓ CtoCのカーシェア
✓ 親子間の貸し借り

機 能
自動車保険における
少額・短期のリスク計算

体 験
体験のコンセプト

プロダクト・サービスへの要求

プライシング

検証

提 案

反 応

■ 図6-1　機能と状況Aの記載

短期のリスク計算」と記載しました（図6-1）。次に「状況A」には取り組み以前の調査で見えてきた「個人同士の自動車の貸し借りにおいて貸し手の意図に反した無保険運転が存在」と記載しました。その具体的なシーンとして「友人間の貸し借り」「CtoCのカーシェア」「親子間の貸し借り」がわかっています。続いて、コンフリクトの有無を見ていきました。

コンフリクトと目指したい状況Bの記載

　無保険運転が起こる個人間貸借はいくつかのシーンが観測されたものの、友人間の貸し借りは頻度が少なかったり、CtoCカーシェアは検討時点では市場として立ち上がってはおらず課題感も少なかったことから検討対象から除外していきました。一方で、図6-2にもある通り、親子間の貸し借りに関しては、遠隔居住の場合にいくつかのコンフリクトが存在することがわかり、当該領域に絞ったサービスの検討を行うことになりました。

　具体的には、親子間の貸し借りの多くは、子供の帰省のタイミングで行われており、「帰省時、子供は親の車を借りたがるが、年齢制限などで親の保険で子供はカバーされない」「親は保険に入って欲しいが、1日自動車保険の手続きは面倒なため、子供は入らない」といった葛藤がみられたため、コンフリクトのメモ欄にその内容を記載しました。

　また、状況Aが明確になったことで、「親子間の貸し借りにおいてもちゃんと保険に加入した状態で運転が行われている」という目指したい状況Bを記載することができました。

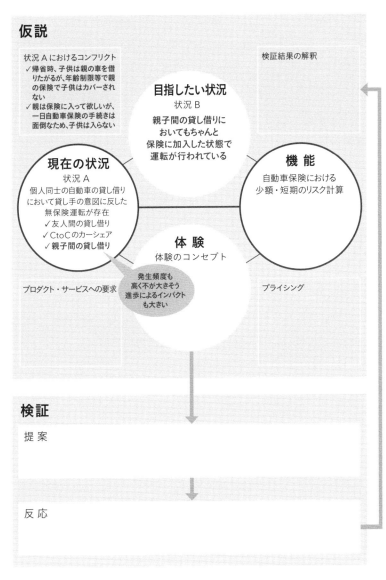

仮説

状況 A におけるコンフリクト
✓ 帰省時、子供は親の車を借りたがるが、年齢制限等で親の保険で子供はカバーされない
✓ 親は保険に入って欲しいが、一日自動車保険の手続きは面倒なため、子供は入らない

検証結果の解釈

目指したい状況
状況 B
親子間の貸し借りにおいてもちゃんと保険に加入した状態で運転が行われている

現在の状況
状況 A
個人同士の自動車の貸し借りにおいて貸し手の意図に反した無保険運転が存在
✓ 友人間の貸し借り
✓ CtoCのカーシェア
✓ 親子間の貸し借り

機 能
自動車保険における少額・短期のリスク計算

体 験
体験のコンセプト

発生頻度も高く不が大きそう進歩によるインパクトも大きい

プロダクト・サービスへの要求

プライシング

検証

提 案

反 応

■ 図6-2　コンフリクトの有無の検証

体験、プロダクト・サービスへの要求、プライシングの記載

　状況A・目指したい状況B・機能を埋めた後、体験設計を行っていきます。該当する状況にいる親子へのデプスインタビューを行い、保険に入って欲しいと考える親の思いと、入ることではなく面倒・手間を嫌う子供の状況をとらえ、コミュニケーションの流れの中で保険に入れるという体験を提供するサービスの方向性で検討を進めることになりました。

　具体的に見ていくと、状況Aに該当する親と子供のそれぞれにデプスインタビューをかけた結果として、「帰省時の親子間の車の貸し借り」「親は保険に入って欲しい」「子供は面倒なのが嫌」という内容を記載しました。この状況Aから得られたインサイトをもとに、体験として「車の貸し借りのやり取りが行われるコミュニケーション上でそのまま保険に入れる」「走った分だけ加入できる」という方針を記載します（図6-3）。

　プロダクト・サービスへの要求として、「親子間コミュニケーションとの連動性」と「デジタル完結の申し込み」、プライシングの方向性として、「走った分だけ課金される体験　Pay as you drive型」という方針が見えてきます。また、機能側の要件として、「コミュニケーションを担う外部パートナー開拓」が必要となったので、その内容も記載します。

提案と反応の記載

　ここまで検討内容を詰めたところで、仮説の検証に移ります（図6-4）。

　サービス仮説を提案内容に落とし込み、デプスインタビューでの検証を通した結果、確度の高いサービスであることがわかりました。総論としては問題ないものの、サービスとして実際に使ってもらうためには、いくつかの観点で改善が必要となるため、その観点で顧客調査を提供する体験の方針に落とし込んでいきます。

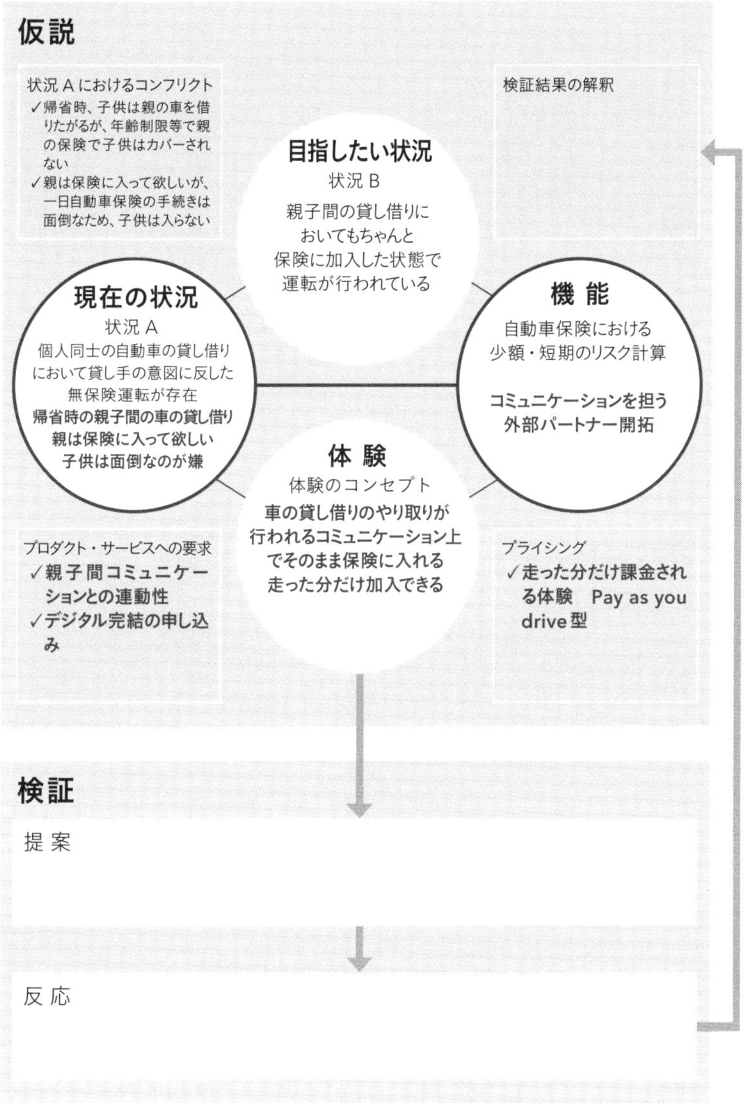

仮説

状況 A におけるコンフリクト
✓帰省時、子供は親の車を借りたがるが、年齢制限等で親の保険で子供はカバーされない
✓親は保険に入って欲しいが、一日自動車保険の手続きは面倒なため、子供は入らない

検証結果の解釈

目指したい状況
状況 B
親子間の貸し借りにおいてもちゃんと保険に加入した状態で運転が行われている

現在の状況
状況 A
個人同士の自動車の貸し借りにおいて貸し手の意図に反した無保険運転が存在
帰省時の親子間の車の貸し借り
親は保険に入って欲しい
子供は面倒なのが嫌

機 能
自動車保険における少額・短期のリスク計算

コミュニケーションを担う外部パートナー開拓

体 験
体験のコンセプト
車の貸し借りのやり取りが行われるコミュニケーション上でそのまま保険に入れる走った分だけ加入できる

プロダクト・サービスへの要求
✓**親子間コミュニケーションとの連動性**
✓**デジタル完結の申し込み**

プライシング
✓**走った分だけ課金される体験　Pay as you drive型**

検証

提 案

反 応

■ 図6-3　体験の設計

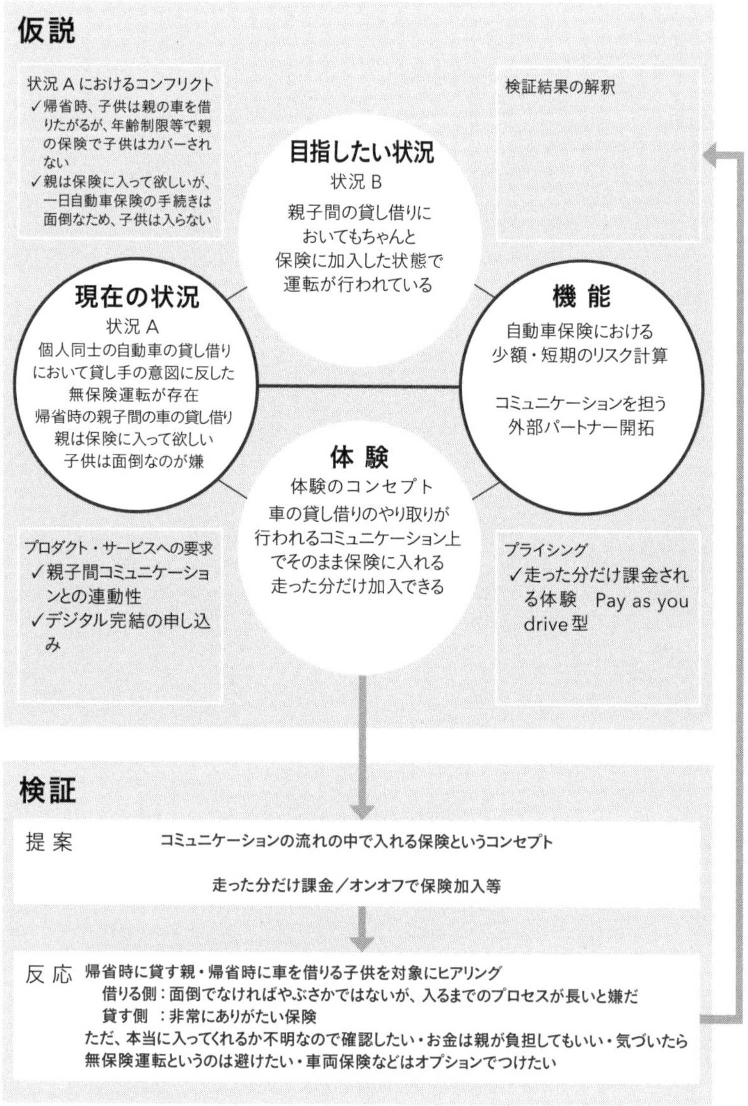

仮説

状況 A におけるコンフリクト
- ✓ 帰省時、子供は親の車を借りたがるが、年齢制限等で親の保険で子供はカバーされない
- ✓ 親は保険に入って欲しいが、一日自動車保険の手続きは面倒なため、子供は入らない

検証結果の解釈

目指したい状況
状況 B
親子間の貸し借りにおいてもちゃんと保険に加入した状態で運転が行われている

現在の状況
状況 A
個人同士の自動車の貸し借りにおいて貸し手の意図に反した無保険運転が存在
帰省時の親子間の車の貸し借り
親は保険に入って欲しい
子供は面倒なのが嫌

機 能
自動車保険における少額・短期のリスク計算

コミュニケーションを担う外部パートナー開拓

体 験
体験のコンセプト
車の貸し借りのやり取りが行われるコミュニケーション上でそのまま保険に入れる
走った分だけ加入できる

プロダクト・サービスへの要求
- ✓ 親子間コミュニケーションとの連動性
- ✓ デジタル完結の申し込み

プライシング
- ✓ 走った分だけ課金される体験　Pay as you drive 型

検証

提 案　　コミュニケーションの流れの中で入れる保険というコンセプト

走った分だけ課金／オンオフで保険加入等

反 応　帰省時に貸す親・帰省時に車を借りる子供を対象にヒアリング
　　　　借りる側：面倒でなければやぶさかではないが、入るまでのプロセスが長いと嫌だ
　　　　貸す側　：非常にありがたい保険
　　　　ただ、本当に入ってくれるか不明なので確認したい・お金は親が負担してもいい・気づいたら
　　　　無保険運転というのは避けたい・車両保険などはオプションでつけたい

■ 図6-4　仮説を検証していく

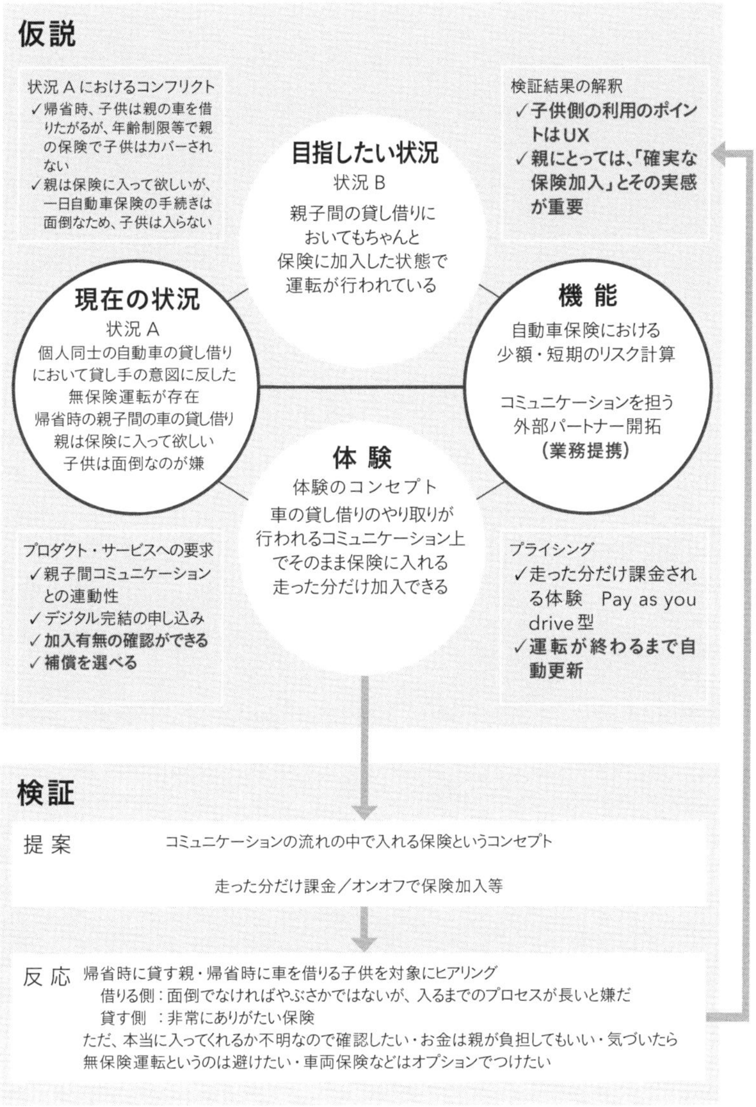

仮説

状況Aにおけるコンフリクト
✓ 帰省時、子供は親の車を借りたがるが、年齢制限等で親の保険で子供はカバーされない
✓ 親は保険に入って欲しいが、一日自動車保険の手続きは面倒なため、子供は入らない

検証結果の解釈
✓ 子供側の利用のポイントはUX
✓ 親にとっては、「確実な保険加入」とその実感が重要

目指したい状況
状況B
親子間の貸し借りにおいてもちゃんと保険に加入した状態で運転が行われている

現在の状況
状況A
個人同士の自動車の貸し借りにおいて貸し手の意図に反した無保険運転が存在
帰省時の親子間の車の貸し借り
親は保険に入って欲しい
子供は面倒なのが嫌

機能
自動車保険における少額・短期のリスク計算

コミュニケーションを担う外部パートナー開拓
（業務提携）

体験
体験のコンセプト
車の貸し借りのやり取りが行われるコミュニケーション上でそのまま保険に入れる
走った分だけ加入できる

プロダクト・サービスへの要求
✓ 親子間コミュニケーションとの連動性
✓ デジタル完結の申し込み
✓ 加入有無の確認ができる
✓ 補償を選べる

プライシング
✓ 走った分だけ課金される体験　Pay as you drive型
✓ 運転が終わるまで自動更新

検証

提案　コミュニケーションの流れの中で入れる保険というコンセプト

走った分だけ課金／オンオフで保険加入等

反応　帰省時に貸す親・帰省時に車を借りる子供を対象にヒアリング
借りる側：面倒でなければやぶさかではないが、入るまでのプロセスが長いと嫌だ
貸す側　：非常にありがたい保険
ただ、本当に入ってくれるか不明なので確認したい・お金は親が負担してもいい・気づいたら無保険運転というのは避けたい・車両保険などはオプションでつけたい

■ 図6-5　検証をもとにバリュー・プロポジションをアップデートしていく

　図6-5にあるように、子供側が利用してくれるための重要なポイントは「徹底した面倒くさくない体験」であり、親にとっての重要なポイントは「確実性」であったため、それらを両立できるプロダクト・サービスの要件や、プライシングに反映していきます。

　このような流れを経て、この自動車保険ではバリュー・プロポジションをつくり、アップデートをくりかえしていったのでした。

アプローチ② 現在の状況から埋める

　これまでの章では、現在の状況と機能という2つの検討事項があった際に、機能から検討することを推奨してきました。とくに大企業の新規事業開発においては、明文化されていない制約があったり、活用可能なさまざまな機能が社内のいたるところに点在していたりするため、機能から検討した方が効率的に行えます。

　一方で、とくに強い技術をもたないスタートアップの場合はそうはいきません。最初からあつかえる機能といえどもそれほど豊富ではなく、機能があったとしても人脈が関の山であるため、多少大変でも状況から検討するほうが適しているといえます。現在の状況から埋めるアプローチについて、筆者が経営にかかわるmox社のアプリ企画までの事例に基づき解説していきます。

　mox社は2023年に創業し、夫婦間の家事分担を家事が苦手な側からアプローチするアプリの運営を行っています。運営チームでは、夫婦や家族、隣人、友人間など利害関係がない他者との間で、関係性を維持するために必要なタスクが、どちらか一方の「よく気づく人」に集中して

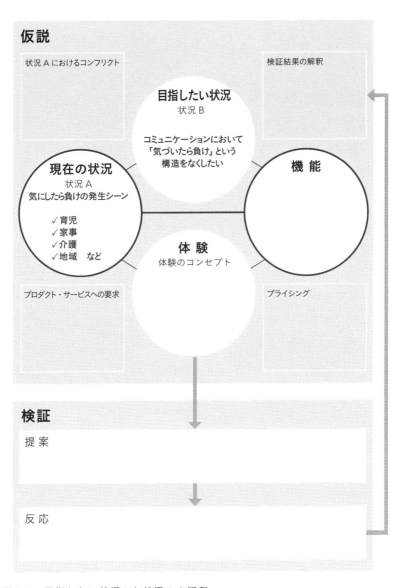

仮説

状況 A におけるコンフリクト

検証結果の解釈

目指したい状況
状況 B

コミュニケーションにおいて
「気づいたら負け」という
構造をなくしたい

現在の状況
状況 A
気にしたら負けの発生シーン

✓ 育児
✓ 家事
✓ 介護
✓ 地域　など

機 能

体 験
体験のコンセプト

プロダクト・サービスへの要求

プライシング

検証

提 案

反 応

■ 図6-6　目指したい状況 B と状況 A の記載

しまい、もう一方の「気づかない」人がただ乗り（フリーライド）している状況に対する改善をテーマに検討を始めました。

目指したい状況Bと状況Aの記載

「『気づいたら負け』をなくしたい」という目指したい状況Bに対して、該当しうる状況Aとして育児や夫婦間の家事、親戚間の介護、地域間や友人間の活動などが列挙されました（図6-6）。

状況Aにおけるコンフリクトの記載

そこから、ロバストネス・モメンタム・インパクトの観点と、変数の少なさを考慮し、「夫婦間の家事」をテーマに据え、デプスインタビューなどを行いながら状況Aの解像度を高めていきました（図6-7）。

夫婦間の家事について見ていくと、家事についてよく気づく人（紙幅の関係上、ここでは便宜的に家事についてよく気づく人を「妻側」とし、家事について気づけない人を「夫側」と記載します。妻側が家事についてよく気づく人という考え方に立っているわけではないことをおことわりしておきます）である妻側が不満をもっていることはもちろんのこと、一部の夫側にも、家事に参画するつもりはあるのに、うまくいかないモヤモヤを抱えていることがわかりました。

家事の分担には価値観や年収差、仕事の状況の差、家族構成など、数多くの変数があるのですが、検討をスムーズに進めるため、男性も家事をすべきという風潮が強くなりつつある2022年時点での20〜30代で、「子供がいない」状況に絞って検討を進めていきました。この状況に当てはまる夫婦関係を見ていくと、なんとなく妻側の不満を察して、どうにかしたいと考えているものの、原因がわかっていなかったり、打ち手がわからなかったりで困っている夫側の存在が浮き彫りになってきまし

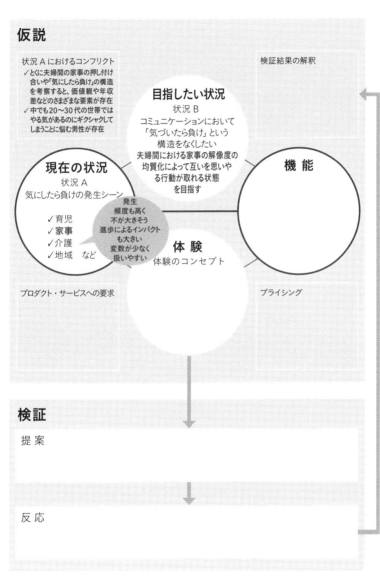

仮説

状況Aにおけるコンフリクト
✓ とくに夫婦間の家事の押し付け合いや「気にしたら負け」の構造を考察すると、価値観や年収差などのさまざまな要素が存在
✓ 中でも20〜30代の世帯ではやる気があるのにギクシャクしてしまうことに悩む男性が存在

検証結果の解釈

目指したい状況
状況B
コミュニケーションにおいて「気づいたら負け」という構造をなくしたい
夫婦間における家事の解像度の均質化によって互いを思いやる行動が取れる状態を目指す

機能

現在の状況
状況A
気にしたら負けの発生シーン

✓ 育児
✓ 家事
✓ 介護
✓ 地域 など

発生頻度も高く不が大きそう
進歩によるインパクトも大きい
変数が少なく扱いやすい

体験
体験のコンセプト

プロダクト・サービスへの要求

プライシング

検証

提案

反応

■ 図6-7 状況Aの解像度を高めていく

た。

　その要因を分析してみると、夫婦間での家事の解像度の認識の違いといえそうでした。普段から家事を行う妻側から見た「家事を完遂した」という状態と、夫側の「家事をやった」というゴール地点、徹底度合いの違いがそのまま認識の差に反映されており、夫婦間のギクシャクにつながっていたのです。

　俗にいう「見えない家事」もこの類いといえます。夫側はやった気になったり、手伝った気になっていたりするにもかかわらず、妻側から認められなかったり逆に怒られたりする一方、妻側にとっては助かるどころか仕事が増えるケースまであったりする状況です。

機能の記載

　このくらいの解像度で状況Aがつかめてくると、必要な機能の方向性が見えてきます。夫側の解像度を高めてあげるための家事のリストの作成や、世の中にあまたある家事のやり方のステップ、そして家庭ごとの違いをひとまとめにしていく作業です。こうしたリストは調べてみると検討当時の段階ではインターネット上にも存在していなかったので、チーム内で作成していきました（図6-8）。

体験、プロダクト・サービスへの要求、プライシングの記載

　ある程度の機能の方向性が見えてきたところで、体験とプロダクトの方向性の整理を行います。家事の解像度が低い夫側から見ると、妻側の機嫌と家事の紐づきがわからないのではないか、という仮説のもと、家事と妻側の機嫌が連動するグラフを可視化し、その機嫌グラフをきっかけに毎日の家事の記録をつけたり、初めての家事のやり方を教えたりと

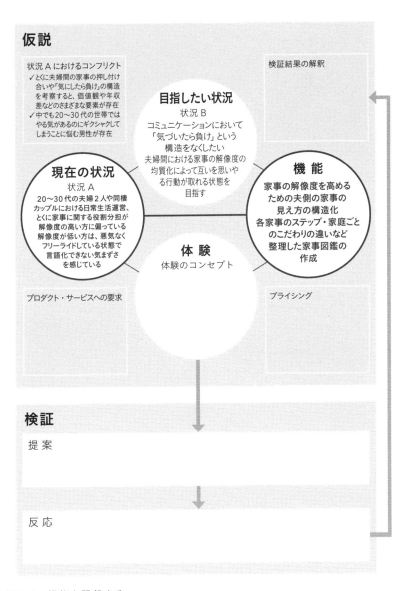

仮説

状況 A におけるコンフリクト
✓とくに夫婦間の家事の押し付け
合いや「気にしたら負け」の構造
を考察すると、価値観や年収
差などのさまざまな要素が存在
✓中でも20〜30代の世帯では
やる気があるのにギクシャクして
しまうことに悩む男性が存在

検証結果の解釈

目指したい状況
状況 B
コミュニケーションにおいて
「気づいたら負け」という
構造をなくしたい
夫婦間における家事の解像度の
均質化によって互いを思いや
る行動が取れる状態を
目指す

現在の状況
状況 A
20〜30代の夫婦2人や同棲
カップルにおける日常生活運営、
とくに家事に関する役割分担が
解像度の高い方に偏っている
解像度が低い方は、悪気なく
フリーライドしている状態で
言語化できない気まずさ
を感じている

機 能
家事の解像度を高める
ための夫側の家事の
見え方の構造化
各家事のステップ・家庭ごと
のこだわりの違いなど
整理した家事図鑑の
作成

体 験
体験のコンセプト

プロダクト・サービスへの要求

プライシング

検証

提 案

反 応

■ 図6-8 機能を記載する

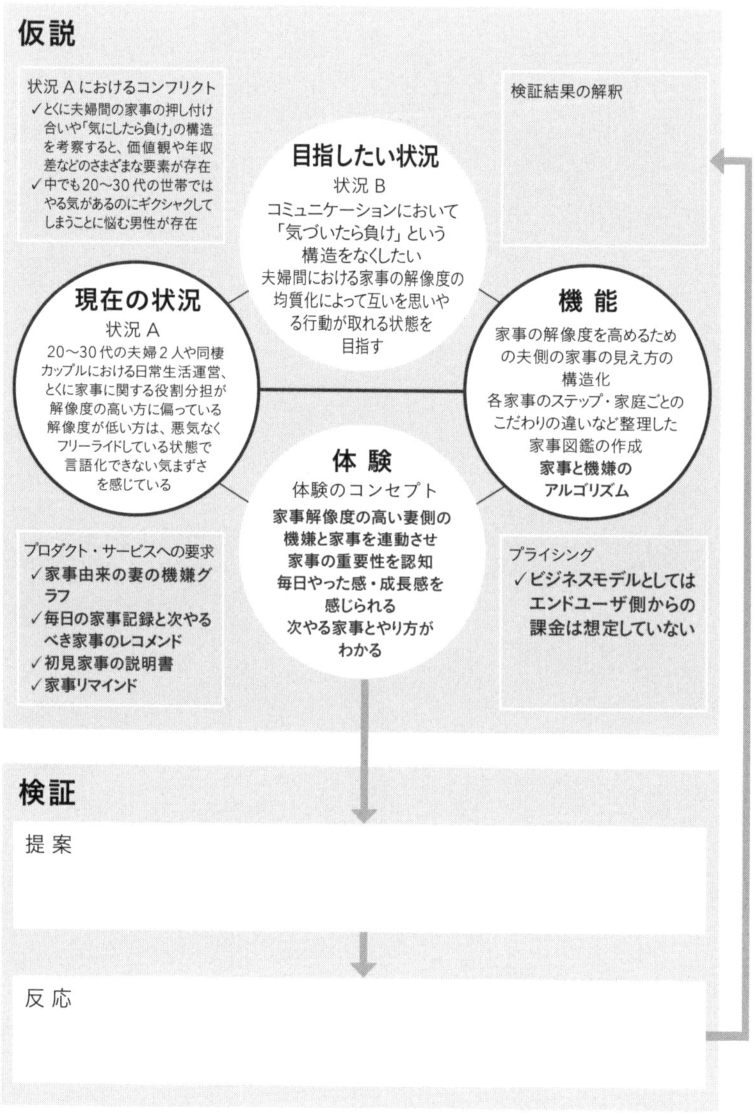

仮説

状況 A におけるコンフリクト

✓ とくに夫婦間の家事の押し付け合いや「気にしたら負け」の構造を考察すると、価値観や年収差などのさまざまな要素が存在

✓ 中でも20〜30代の世帯ではやる気があるのにギクシャクしてしまうことに悩む男性が存在

検証結果の解釈

目指したい状況
状況 B
コミュニケーションにおいて「気づいたら負け」という構造をなくしたい
夫婦間における家事の解像度の均質化によって互いを思いやる行動が取れる状態を目指す

現在の状況
状況 A
20〜30代の夫婦2人や同棲カップルにおける日常生活運営、とくに家事に関する役割分担が解像度の高い方に偏っている
解像度が低い方は、悪気なくフリーライドしている状態で言語化できない気まずさを感じている

機 能
家事の解像度を高めるための夫側の家事の見え方の構造化
各家事のステップ・家庭ごとのこだわりの違いなど整理した家事図鑑の作成
家事と機嫌のアルゴリズム

体 験
体験のコンセプト
家事解像度の高い妻側の機嫌と家事を連動させ家事の重要性を認知
毎日やった感・成長感を感じられる
次やる家事とやり方がわかる

プロダクト・サービスへの要求

✓ 家事由来の妻の機嫌グラフ

✓ 毎日の家事記録と次やるべき家事のレコメンド

✓ 初見家事の説明書

✓ 家事リマインド

プライシング

✓ ビジネスモデルとしてはエンドユーザ側からの課金は想定していない

検証

提 案

反 応

■ 図6-9　体験を記載する

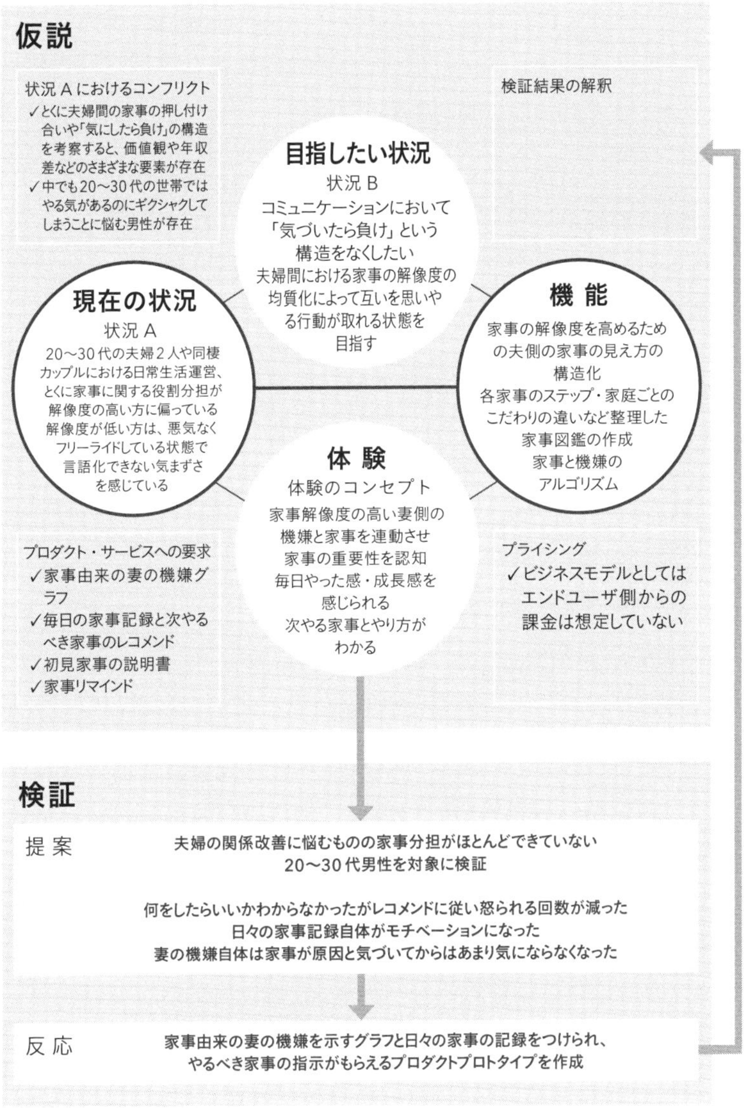

仮説

状況 A におけるコンフリクト
✓とくに夫婦間の家事の押し付け合いや「気にしたら負け」の構造を考察すると、価値観や年収差などのさまざまな要素が存在
✓中でも20～30代の世帯ではやる気があるのにギクシャクしてしまうことに悩む男性が存在

検証結果の解釈

目指したい状況
状況 B
コミュニケーションにおいて「気づいたら負け」という構造をなくしたい
夫婦間における家事の解像度の均質化によって互いを思いやる行動が取れる状態を目指す

現在の状況
状況 A
20～30代の夫婦2人や同棲カップルにおける日常生活運営、とくに家事に関する役割分担が解像度の高い方に偏っている
解像度が低い方は、悪気なくフリーライドしている状態で言語化できない気まずさを感じている

機 能
家事の解像度を高めるための夫側の家事の見え方の構造化
各家事のステップ・家庭ごとのこだわりの違いなど整理した家事図鑑の作成
家事と機嫌のアルゴリズム

体 験
体験のコンセプト
家事解像度の高い妻側の機嫌と家事を連動させ家事の重要性を認知
毎日やった感・成長感を感じられる
次やる家事とやり方がわかる

プロダクト・サービスへの要求
✓家事由来の妻の機嫌グラフ
✓毎日の家事記録と次やるべき家事のレコメンド
✓初見家事の説明書
✓家事リマインド

プライシング
✓ビジネスモデルとしてはエンドユーザ側からの課金は想定していない

検証

提 案
夫婦の関係改善に悩むものの家事分担がほとんどできていない20～30代男性を対象に検証

何をしたらいいかわからなかったがレコメンドに従い怒られる回数が減った
日々の家事記録自体がモチベーションになった
妻の機嫌自体は家事が原因と気づいてからはあまり気にならなくなった

反 応
家事由来の妻の機嫌を示すグラフと日々の家事の記録をつけられ、やるべき家事の指示がもらえるプロダクトプロトタイプを作成

■ 図6-10 仮説から検証を進めていく

いった打ち手の仮説を考えていきました（図6-9）。機嫌と家事の紐づけを実装するためのアルゴリズムづくりも機能として調達しながらプロトタイプをつくり、数週間の検証を行いました。

提案と反応の記載

　結果、次にやるべき家事が明確であること・毎日の家事の記録自体が成長実感につながっていること、アプリに従って家事をやることで怒られる頻度が減ったことなど、さまざまなフィードバックを得ることができました（図6-10）。中でも興味深かったのが、機嫌と家事の関係性を示すグラフが、開始時点では魅力的に映っていたものの、実際に使ってみると自身の成長実感のほうに目が向くことでした。

　このあたりを少し考察してみると、機嫌と家事が相関することについては夫側にとっても非言語で理解できていたものであったため、期待としては面白みを感じてもらえたものの、実際に家事をやりだしてみると、機嫌が目的というよりも自分が何をどの程度やれるのかという実践的なところに意識が向いたからだと考えられます。

検証結果の解釈の記載

　さらに掘り下げていくと、夫側が感じていた「妻側の機嫌の悪さ」は、実際には機嫌ではなく別の要因に由来していたのではないかという仮説が見えてきました。家事に対する解像度が高い妻側から家事のダメ出しをされた場合、解像度の低い夫側からするとなぜダメなのかがわからず「やったのに正当に評価されない」と理不尽に感じ、その理不尽さを「機嫌が悪い」と表現していたのだと考察することができました（図6-11）。

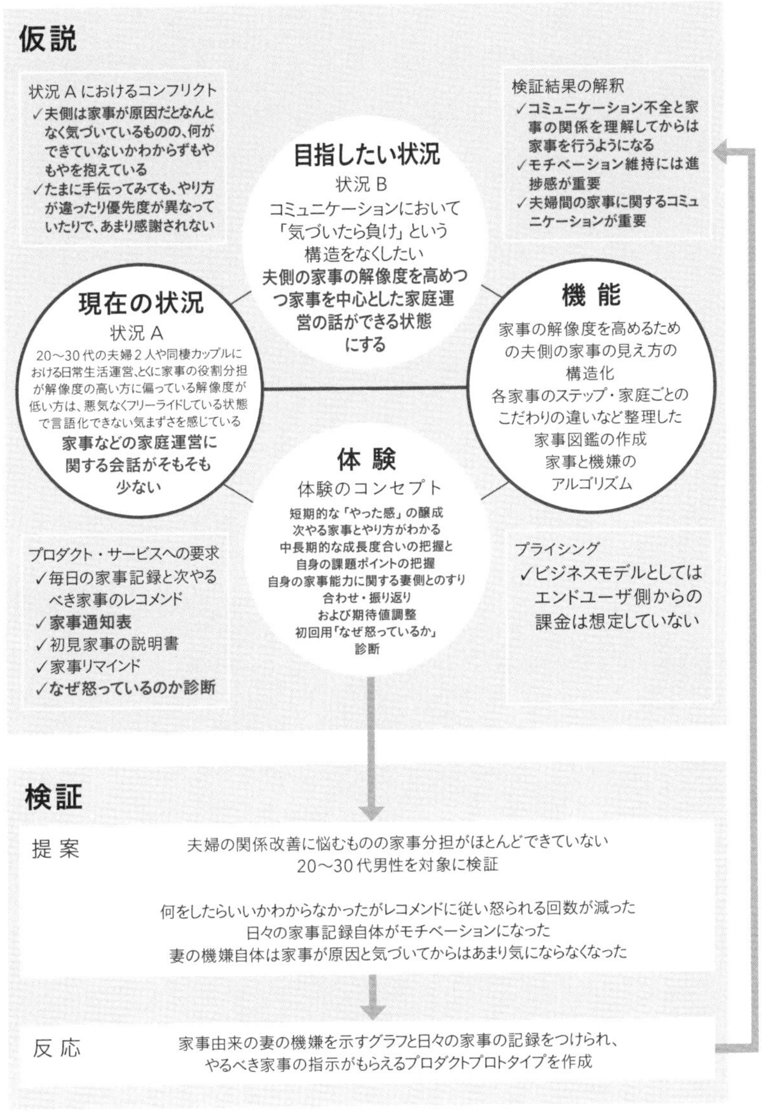

仮説

状況Aにおけるコンフリクト
✓夫側は家事が原因だとなんとなく気づいているものの、何ができていないかわからずもやもやを抱えている
✓たまに手伝ってみても、やり方が違ったり優先度が異なっていたりで、あまり感謝されない

検証結果の解釈
✓コミュニケーション不全と家事の関係を理解してからは家事を行うようになる
✓モチベーション維持には進捗感が重要
✓夫婦間の家事に関するコミュニケーションが重要

目指したい状況
状況B
コミュニケーションにおいて「気づいたら負け」という構造をなくしたい
夫側の家事の解像度を高めつつ家事を中心とした家庭運営の話ができる状態にする

現在の状況
状況A
20〜30代の夫婦2人や同棲カップルにおける日常生活運営、とくに家事の役割分担が解像度の高い方に偏っている解像度が低い方は、悪気なくフリーライドしている状態で言語化できない気まずさを感じている
家事などの家庭運営に関する会話がそもそも少ない

機能
家事の解像度を高めるための夫側の家事の見え方の構造化
各家事のステップ・家庭ごとのこだわりの違いなど整理した家事図鑑の作成
家事と機嫌のアルゴリズム

体験
体験のコンセプト
短期的な「やった感」の醸成
次やる家事とやり方がわかる
中長期的な成長度合いの把握と自身の課題ポイントの把握
自身の家事能力に関する妻側とのすり合わせ・振り返り
および期待値調整
初回用「なぜ怒っているか」診断

プロダクト・サービスへの要求
✓毎日の家事記録と次やるべき家事のレコメンド
✓家事通知表
✓初見家事の説明書
✓家事リマインド
✓なぜ怒っているのか診断

プライシング
✓ビジネスモデルとしてはエンドユーザ側からの課金は想定していない

検証

提 案　夫婦の関係改善に悩むものの家事分担がほとんどできていない
20〜30代男性を対象に検証

何をしたらいいかわからなかったがレコメンドに従い怒られる回数が減った
日々の家事記録自体がモチベーションになった
妻の機嫌自体は家事が原因と気づいてからはあまり気にならなくなった

反 応　家事由来の妻の機嫌を示すグラフと日々の家事の記録をつけられ、
やるべき家事の指示がもらえるプロダクトプロトタイプを作成

■ 図6-11　検証から考察を進めていく

こうした検証結果を踏まえ夫婦の関係性について考察していくと、結局は家事に対する解像度だけでなくコミュニケーションの重要性が見えてきました。夫側の家事のレベルがどの程度かが妻側もわかれば、次に習得する対象も明確になり、中途半端であることに腹を立てることも減ってくると考えられます。こうして得られた観点に基づいて、チーム内で状況やコンフリクトのとらえ直し、実現したい体験の再整理を行い、現状のプロダクトに落とし込んでいきました。

埋めたボードを改善する

すでに走らせているビジネスへの活用法

本章の最後に、もう立ち上がっているビジネスの改善や新たな施策の実行といった、すでに形が決まっているものの改善を目的としたシーンでの活用法について触れていきます。第3章でも事例として整理したNwith社のCHONPSというサービスの改善を例に、すでに埋めてあるバリュー・ダイヤモンドボードの活用の仕方を見てみましょう。

BtoBの側面からの記載

前述の通り、CHONPSはパーソナル栄養士を介した生活習慣・食事習

慣改善のためのサービスです。当初の企画では、ダイエットやボディメイクなどの目標がある人たちを対象としてリリースし、運営を行っていました。

しかし、食事制限自体が「自分でできるもの」と顧客に思われてしまっていたこと、運動の方が優先度が高いと考える人が多かったことなどが障壁となり、一度何かで失敗して「食事指導」を「人」に管理してもらうことに価値を感じる層にしか響かない状態でした。AIによる自動でカロリー計算をしてくれるサービスも世の中にあるため、課題意識の強い人を探し出すことにとても苦労していました。

そこで目をつけたのが「提携」です。事業開発的な活動の一環として、食事指導を求める層がいる既存のマーケットの中でも、パーソナルジムを担う事業者と提携を検討する中で、BtoBの側面での新たなバリュー・ダイヤモンドボードを記載できることがわかりました（図6-12）。

ビジネスモデルとしてはBtoBtoCですが、パーソナルジムの運営会社とそこに通う顧客の状況それぞれにフィットさせることができる打ち手としてCHONPSが適していることがわかったのです。

新しい事業構造の記載

パーソナルジムとしては、新型コロナウイルスの影響とともに顧客数が減っていたこともあり、バリューアップとそれに伴う単価アップが命題とされており、多くのジムで食事指導がオプションとして提供されていました。

この食事指導はパーソナルトレーナーが担うことが多く、トレーナーにとってもモチベーションが高くない業務という状況でした。ここにCHONPSが入ることで、パーソナルジムのユーザーの目標達成を食事

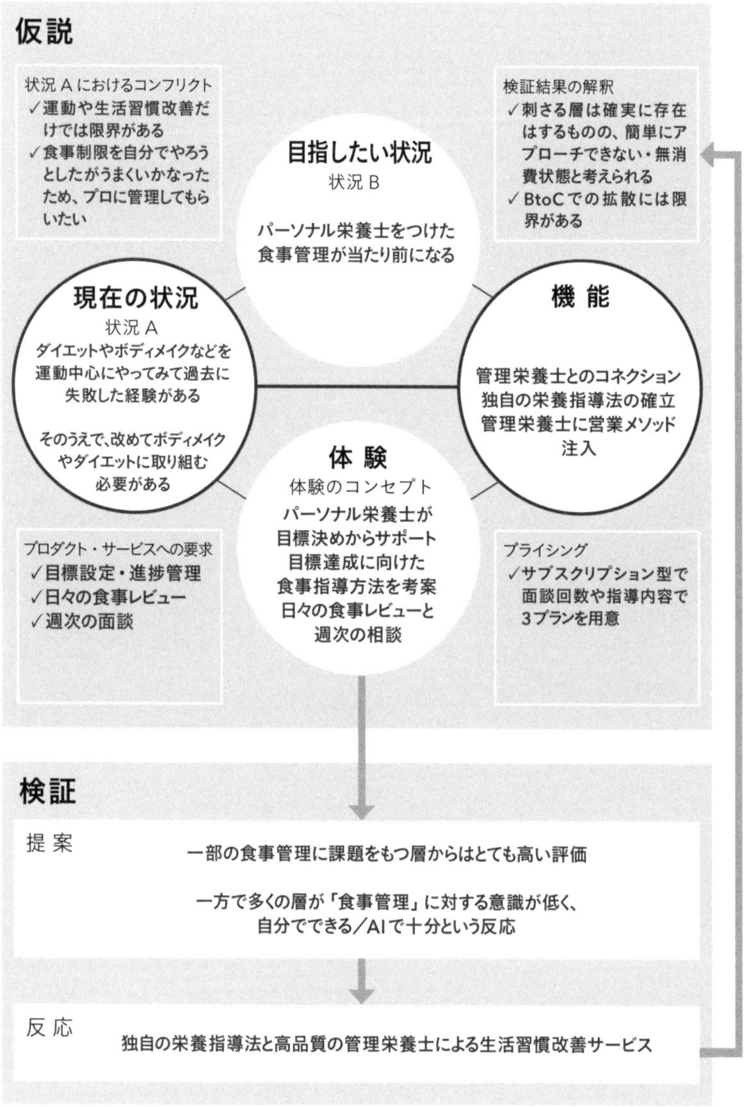

仮説

状況 A におけるコンフリクト
- ✓ 運動や生活習慣改善だけでは限界がある
- ✓ 食事制限を自分でやろうとしたがうまくいかなかったため、プロに管理してもらいたい

検証結果の解釈
- ✓ 刺さる層は確実に存在はするものの、簡単にアプローチできない・無消費状態と考えられる
- ✓ BtoC での拡散には限界がある

目指したい状況
状況 B

パーソナル栄養士をつけた食事管理が当たり前になる

現在の状況
状況 A
ダイエットやボディメイクなどを運動中心にやってみて過去に失敗した経験がある

そのうえで、改めてボディメイクやダイエットに取り組む必要がある

機 能

管理栄養士とのコネクション
独自の栄養指導法の確立
管理栄養士に営業メソッド注入

体 験
体験のコンセプト
パーソナル栄養士が目標決めからサポート
目標達成に向けた食事指導方法を考案
日々の食事レビューと週次の相談

プロダクト・サービスへの要求
- ✓ 目標設定・進捗管理
- ✓ 日々の食事レビュー
- ✓ 週次の面談

プライシング
- ✓ サブスクリプション型で面談回数や指導内容で3プラン用意

検証

提 案　　一部の食事管理に課題をもつ層からはとても高い評価

一方で多くの層が「食事管理」に対する意識が低く、
自分でできる／AIで十分という反応

反 応　　独自の栄養指導法と高品質の管理栄養士による生活習慣改善サービス

■ 図 6-12　BtoB の側面からの記載

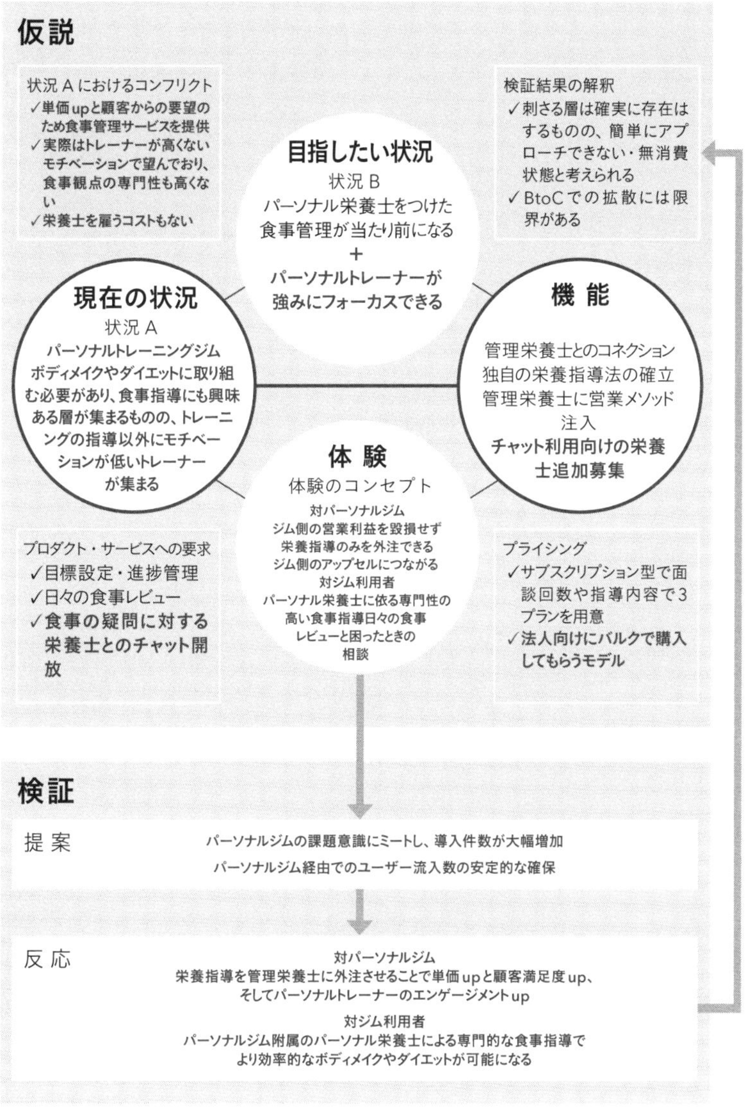

仮説

状況Aにおけるコンフリクト
✓ 単価upと顧客からの要望のため食事管理サービスを提供
✓ 実際はトレーナーが高くないモチベーションで望んでおり、食事観点の専門性も高くない
✓ 栄養士を雇うコストもない

検証結果の解釈
✓ 刺さる層は確実に存在はするものの、簡単にアプローチできない・無消費状態と考えられる
✓ BtoCでの拡散には限界がある

目指したい状況
状況B
パーソナル栄養士をつけた食事管理が当たり前になる
＋
パーソナルトレーナーが強みにフォーカスできる

現在の状況
状況A
パーソナルトレーニングジム
ボディメイクやダイエットに取り組む必要があり、食事指導にも興味ある層が集まるものの、トレーニングの指導以外にモチベーションが低いトレーナーが集まる

機能
管理栄養士とのコネクション
独自の栄養指導法の確立
管理栄養士に営業メソッド注入
チャット利用向けの栄養士追加募集

体験
体験のコンセプト
対パーソナルジム
ジム側の営業利益を毀損せず栄養指導のみを外注できる
ジム側のアップセルにつながる
対ジム利用者
パーソナル栄養士に依る専門性の高い食事指導日々の食事レビューと困ったときの相談

プロダクト・サービスへの要求
✓ 目標設定・進捗管理
✓ 日々の食事レビュー
✓ **食事の疑問に対する栄養士とのチャット開放**

プライシング
✓ サブスクリプション型で面談回数や指導内容で3プランを用意
✓ 法人向けにバルクで購入してもらうモデル

検証

提案
パーソナルジムの課題意識にミートし、導入件数が大幅増加
パーソナルジム経由でのユーザー流入数の安定的な確保

反応
対パーソナルジム
栄養指導を管理栄養士に外注させることで単価upと顧客満足度up、そしてパーソナルトレーナーのエンゲージメントup

対ジム利用者
パーソナルジム附属のパーソナル栄養士による専門的な食事指導でより効率的なボディメイクやダイエットが可能になる

■ 図6-13　新しい事業構造を見出していく

のプロとしてサポートし、かつトレーナー側の負荷を減らし、パーソナルジムにとっての単価アップにつながるという構造をつくることができました（図6-13）。

　トレーナーにも販売インセンティブを出しつつ、パーソナルジムにとってはコストが増えない形でプランを設計し、パーソナルジム用のCHONPSという形で新たな機能追加（いつでも管理栄養士に質問ができるチャット機能）を行いました。
　こうした方針転換を行ったことが、BtoCで食事管理マーケットが立ち上がる前の状態で苦戦していたCHONPSを立て直すきっかけとなったのでした。

第 **7** 章

状況をとらえる
リサーチ手法

　顧客の状況理解のためには、経験的にデプスインタビューがもっともおすすめです。その調査から分析の流れや方法についてご紹介します。

状 況 の 抽 出 は
デ プ ス イ ン タ ビ ュ ー で 行 う

因果関係の深掘りが重要

　顧客リサーチにはさまざまな手法がありますが、顧客の状況理解においては、個々人の過去の状況や心理変化、因果関係を深掘りできる、1対1のデプスインタビューが圧倒的におすすめで有効な調査手法といえます。

　複数人が同席するグループインタビューのような形式では、お互いを意識した「意見」が中心となり[1]、状況に関する事実関係の深い確認や、特定状況における心理状態を振り返って話してもらうことが難しいため、推奨できません。

顧客調査手法の大別

　そもそもビジネスの世界で行われる顧客調査の手法は多岐にわたるた

1　顧客調査において、意見がまったく意味がないとはいいませんが、どうしてもバイアスを含みがちなので注意が必要です。意見のみをベースにしたインタビューから、ビジネス上の意思決定を行うのはおすすめしません。

め、いつどのような調査を行うべきかわからない方も多いと思います。本章ではその中で、状況を考えるのに適した方法について説明していきます。

多岐にわたる顧客調査の手法はあつかうデータの違いと目的の違いで大別できます。あつかうデータの違いとしては質的なデータと量的なデータがあり、それぞれをあつかう調査手法はいわゆる定性調査・定量調査です。言葉としては聞きなじみがある方も多いとは思いますが、この2つの手法や使い所を正しく理解するにはポイントがあります。

また、目的の違いについては、仮説の検証がメインなのか、探索がメインなのかのバランスによって、とりうる手法も変わってきます。

調査データのあつかいを理解する

定量調査の特徴

定量調査とは、端的にいうとアンケート調査を指し、人数や割合、傾向など明確な数値や量で表される「定量データ」を集計・分析する手法です。アンケート調査は全量調査とサンプリング調査の2つに大別することができますが、ビジネスの文脈では基本的にサンプリング調査を用います。

定量調査の長所は、数値で結果を出せるため、納得感を得やすく、意思決定に用いやすい点です。一方で気をつけるべきこととしては、客観性が高く再現性も高いように見えて実はそうではない点と、事前に用いていた仮説以上の新しい発見が見つけづらい点が挙げられます。

定性調査の特徴

　定性調査は、発言や行動など、数値として表現しづらいものの意味を解釈し、新しい発見につなげていくための手法です。定性調査の手法は、デプスインタビューやグループインタビュー、エスノグラフィーなどさまざまな方法論があります。

　定性調査は手法によって長所・短所が異なるものの、長所の一つは、相関関係ではなく因果関係の推察や理解がしやすいことといえます。定性調査の多くが顧客との対話が可能であることから、言動の背景である因果関係にまでさかのぼることができます。

　また、対話する中で表情や声色、しぐさや身なり、会話のテンポや回答までの「間」など、テキスト情報にしづらい非言語での気づきが得られる点も長所として挙げられます。

　一方で短所は、定性調査の実施および分析の難易度が意外と高いことです。定性調査の中でもよく活用されるインタビュー調査などは、対話なので一見簡単にできそうと思われることが多いですが、バイアスのかからない実査やとくに調査結果の解釈は非常に難しく、一般的にやり方を形式化しきれないこともあり、取りあつかいにはある程度の熟練を要します。

　「さくっとユーザーに聞いてくればいい」とよくいわれるために誰でもできると思われがちですが、意思決定の礎となるファクトにバイアスがかかったり、分析・考察の質に問題があると、大事な意思決定で真逆の方向に進みかねないといったリスクも高くなります。

調査目的のバランスを見極める

探索と検証の違い

　顧客調査の目的には多くの場合、探索の要素と検証の要素が共存しており、事業の検討フェーズによってそのバランスが変わると考えられます。探索とは、より質の高い仮説の導出や、機会を探るためのインプット収集を目的としたものです。

　一方、検証とは事前に立てた仮説に対して白黒をつけるために行います。どんな顧客調査においても、探索だけ、または検証だけを行うということにはならず、実際は混在することが多いです。

　たとえば、新しい商品のアイディアがあったとして、顧客の受容性（実際に使いたいか・買いたいなど）を検証したい場合、受容された・受容されなかったという結果だけがわかればよいわけではありません。なぜ受容されなかったのか、何がいいと思われたのかなど、背景や原因について仮説外のインプットも同時に得たいわけです。

　あるいは、商品開発の機会の探索を目的として顧客調査を行う場合、事前仮説がまったくない状態で臨んでしまうと、インタビュー中に深掘りすべき点がわからなくなってしまうため、多少なりとも検証時に用意するような仮説が必要となります。

調査手法の信頼性と妥当性

　調査手法の選定基準として意識したいのが、信頼性と妥当性という視点です。

　信頼性は読者のみなさんも聞いたことがある方も多いと思いますが、

簡単にいうと複数回の測定をしたときの結果がばらつかない程度のことを指します。50回の試行で49回は同じ結果であるといったようなイメージで、再現性と読み替えることもでき、これは定量調査の得意領域です。

妥当性とは、測定したいものを正確に測定できている程度のことで、正しい尺度で測定できているかどうかを指します。たとえば、人の大きさを測る指標として身長や体重という指標がありますが、身長とはあくまで人が真っすぐ立った際の地面から頭頂部までの長さであるため、犬や猫などの四足歩行の動物の大きさの測定には向きません（犬や猫の場合、体長と体高と体重という指標がよく使われます）。信頼性と妥当性は図7-1のようなダーツや矢の刺さった的のイメージで語られることが多いです。

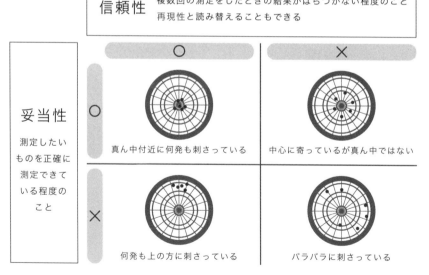

■ 図7-1　顧客調査における信頼性と妥当性

探索型の調査の場合、事前にもっている粗い仮説（質問）を同じ被験者に何度も質問して、妥当性が低い状態から高い状態に高めていくプロセスを経るため、1回のインタビューの中で何度も深掘りができる（何度も試行できる）定性調査のほうが適しています（図7-2）。

　一方でアンケートに一度に答えてもらい集計をする一般的な定量調査では、妥当性を高めていくことが難しいでしょう。

探索中の行動

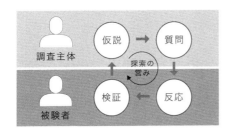

探索において重要なのは
仮説検証のサイクルを回して
妥当性を高め、核心に近づくこと

■ 図7-2　探索では仮説検証のサイクルを回す

　たとえば、何かのサービスの解約者に対して理由を聞こうとするとき、アンケートをとることがよくあります。筆者らも経験したことがあり、そのアンケートの回答でもっとも多かったのが「家計の見直し」でした。

　その結果を真に受けて改善策を考えていくと、当然価格帯の議論になってきてしまいますが、そこで定性調査（解約者へのインタビュー）を行っていくと、以下のことが見えてくることがあります。

モデレーター：どうして解約したんですか？

解約者：子供が生まれて家計を見直したタイミングでやめました。

モデレーター：いつ頃からやめてもいいと思っていましたか？

解約者：それでいうともっと前からかもしれません。

モデレーター：それっていつ頃からそう思ってました？

解約者：解約する2年前に異動していて、異動後は忙しくて前よりあまり使えてなかったんです。

上記のような場合、解約の直接のきっかけは子供が生まれたことによる家計見直しですが、実はその2年前に異動してから「うまく使えていなかった」背景こそが原因であり、そうなると解約者を減らすための打ち手も変わっていきます。

こういった発見は定量調査からは困難なため、探索型の調査を行う際は、妥当性が高いことを前提に行う定量調査ではなく、定性調査が適切といえます。

顧客調査手法の使い分け

図7-3に定量調査と定性調査のそれぞれの使いどころを示します。定量調査は、全体の傾向をつかんだりトレンドやボリュームを把握したいときに適しています。定性調査は仮説づくりのヒントを得たいときや、因果関係と検証結果を同時に見たいときに適しています。

また、探索中心の調査は定性調査、検証中心の調査は定性・定量どちらも活用可能となります。探索に向けた定量調査手法もあるにはありますが、深掘りの難しい定量調査では限界があり不向きと考えられます。

定量	分析データ	定性
数値	分析データ	発言・行動
大人数（数百人〜）	調査対象人数	少人数（数人〜数十人）
納得感をもつ／説得するため ▶ 商品アイディアが○％の人に受容される のか知りたいとき ▶「ターゲットはどのくらいいるの？」と いう質問に答えるとき	使い所	気づきを得る／「なぜ」を知るため ▶ つくった商品の何がいいと思って買われ たのか知りたいとき ▶ なぜその訴求メッセージが刺さらないの か知りたいとき
因果関係を知りたいとき × 「新商品のアイディアを考えるためのア ンケートを取ろう」 →なぜそれがいい／悪いのかがわからな いので不向き × 「解約率が高い商品の解約理由をアンケ ートで聞こう」 →やめたきっかけではなく、本当の原因 が深掘れない ※例：きっかけは「家計の見直し」であ っても、本当の原因は「子供が生まれ て出費が増えたから」	よくある 間違った 使い方	全体の傾向を見たいとき × 「12人インタビューして8人が"欲し い"と答えた」 →統計的な再現性は定性調査では検証 できない × 「全員いらない」といっているので需 要がない →対象セグメント以外に刺さる可能性 がある
質問のつくり方と解釈の間違いやすさ	使ううえでの 難しさ	インタビュースキルと分析の熟練

■ 図7-3 定量調査と定性調査のそれぞれの使いどころ

検証中心の調査では、量的な検証（ボリュームや信頼性）を求める場合は定量調査、因果関係を抽出したい場合は定性調査を推奨します。

デプスインタビューの実施ステップ

全体の流れ

　定性調査として代表的なデプスインタビューの一連の流れを図7-4に示します。

■ 図7-4　デプスインタビューの流れ

　大きな流れとしては、①初期仮説を考え、②被験者の要件を整理し、③該当する被験者を集め、④実査をするという4つのステップに分かれます。このステップが一つでも抜けると調査目的の完遂は難しくなります。

初期仮説を考える

　本章の冒頭でも触れたように、検証中心であれ探索中心であれまずは何かしらの仮説がないとどんな被験者をよべばいいか、どんなことを聞けばいいかの設計も難しくなります。仮説をどこまで精度高く準備するかは調査目的にもよりますが、少なくともどこを掘ればどんなインプットが得られそうかという見立ては事前にもつことをおすすめします。

　この段階で必要なインプットを抽出するための手段の洗い出しも行います。具体的には、被験者の反応を見るためのチラシのような簡易的な刺激物をつくるかどうか、被験者の話を聞きながら完成させるワークシートを使うかどうかなど、インタビュー中に必要なものの検討をします。

　なぜ口頭だけでなく、刺激物やワークシートなどが必要となるかというと、会話の中で音声として受け取られた言葉は、忘れられたり解釈がぶれたりすることが多く、時系列が複雑な内容を被験者とモデレーター間ですり合わせたり、複雑なプロダクトやサービスの説明を被験者に覚えておいてもらうことが難しいためです。過去の深掘りをしたり、味覚などの感覚に関するプロダクト・サービスの検証を行う際には事前の準備に何があれば十分検証可能かを、この段階でシミュレーションすることをおすすめします。

被験者の要件を整理する

　初期仮説ができたら、被験者要件を定義しましょう（図7-5）。被験者要件とは、インタビューによびたい・話を聞きたいと思う人の人物像を、客観的に抽出する要件に落とし込んだものです。被験者要件は必須要件・除外要件・推奨要件・配分要件・分散要件に整理すると、よびたい被験者をうまく定義することができます。

必須要件		配分要件		
			ショッピングモール (車で15分以内)	ショッピングモール (車で15分以上)
• 25歳~50歳 • 既婚女性 • 1都3県あるいは2府2県に在住 • 月に1回以上ショッピングモールで買い物をしている • 家族の買い物を担当している		夫婦2人	3名	2名
除外要件		子供あり (3歳以下)	3名	2名
• ECサイトでの購買経験がない • フリマアプリを知らない • 二世帯住宅		子供あり (3歳以上)	2名	2名
推奨要件		**分散させる要件**		
• ショッピングモールに直近2週間以内に行った • フリマアプリを定期的に利用している		• 専業主婦か仕事をしているかで分散		

■ 図7-5　被験者要件の定義のイメージ

　よくある失敗例として「とりあえず20代女性や30代女性に聞いてみよう」というものがあります。事前に何か検証したい仮説がまだはっきりしておらず、ざっくり知りたいことがある場合に「30代女性」というだけで被験者を集めてしまう状態です。この場合は往々にして知りたいことに到達することはありません。

　たとえば甘いものを日常的に食べる習慣がある女性、仕事のあと家に帰ってから美容関連の取り組みをしている女性など、探索・検証したいことにより直接関係した要件があるはずです。そういった項目を被験者要件として定義する必要があります。

　被験者を定義してからは、被験者要件を抽出するアンケートをつくって該当する被験者を集めます。そして、実際のインタビュー（実査）へと移っていきます。

デプスインタビューの品質を分けるポイント

　事前の初期仮説を立て、正しく被験者要件が定義され、被験者収集を適切に行えたという前提のもとで、デプスインタビューの品質を高めるためのポイントを整理します。

　品質の高いデプスインタビューと聞いて、読者のみなさんはどんなものを思い浮かべますか。過去数千件のデプスインタビューに携わってきた経験からしますと、顧客調査の目的に資する文脈における「新しい発見」をどれだけ得られたかで品質の高低を判断することができるといえます。

　前述のように、どんな顧客調査でもわかりきっていることを確かめる目的のみで行われることは非常に稀で、予想外の「新しい発見」が求められます。その「新しい発見」は、顧客調査の目的に資する、つまりビジネスの文脈で活用できる程度の精度である必要があり、ある程度の再現性が求められます。

　質の高いデプスインタビューを行うためには次の３つのポイントがあります。

- 精度を高く保つために事実関係を押さえる
- 再現性を意識するために因果関係を押さえる
- 新しい発見に気づくためにアノマリーを押さえる

精度を高く保つために事実関係を押さえる

　デプスインタビューの進行上の難しさとは、いかにバイアスを減らし

ていくかに尽きます。モデレーターの声色やしぐさ、目の動き、被験者自身が直前に話した言葉ですら、その後のバイアスになってしまうほど、デプスインタビュー中はバイアスがかかりがちです。

　バイアスがかかった調査結果は、1次情報としての利用価値がほとんどなくなってしまうほど重要な欠陥であり、細心の注意を払ってインタビューを進行する必要があります。

　精度の高いインタビューとは、すなわちバイアスが少ないインタビューといっても過言ではないでしょう。この精度を高めていくうえで重要な観点が「事実関係」です。これまで本書でも所々で触れてきましたが、デプスインタビュー中の被験者の「意見」はバイアスの塊であり、調査結果としてほとんど意味をもちません。

　この「意見」と対局にあるのがファクト（事実）とよべる情報です。この「事実関係」と考えられる情報[2]は、実際に起こった出来事や被験者が実際に行った過去の行動、見る状況を設定したうえで見た刺激物に対する被験者の反応などが挙げられます。こうした事実関係については、バイアスの影響を受けづらいため、インタビュー中に適切に確認することで精度を高めていくことができます。過去の事実情報は被験者の中でも曖昧になることが多いため、時系列に沿って矛盾がないかどうかを確認することでうまく整理できます。

2　事実関係と「考えられる」と表現している背景には、インタビュー形式で被験者の言葉を介して話してもらっている時点で100％事実と言い切ることの難しさがあります。
被験者本人の認識としては、起こったこと・誰かに言われたことだとしても、実際には異なる可能性も無きにしもあらずです。
とはいえ、被験者がそのように認識した結果として何かしら行動をしている場合、行動の背景には（たとえ誤っていようとも）その認識があったと考えられます。
このようにみていくと「事実関係」と言える情報は、バイアスが多く含まれる「意見」と比べても、行動の因果関係を押さえる上での精度は十分であると考えられます。

再現性を意識するために因果関係を押さえる

　事実関係を押さえることができたら、その事象、とくに被験者がとった行動がなぜ行われたのかについての因果関係を押さえることで、その行動の再現性を見ることができるようになります。人がある行動をとるまでのプロセスとして、図7-6のように考えることができます。

スナップショットとしての状況だけでなく
思想や価値観、行動原理も判断や解釈に影響を与える

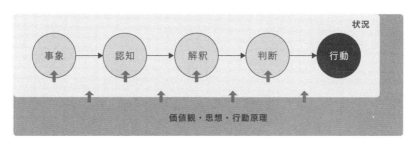

■ 図7-6　行動につながる判断のプロセス

　たとえば、家計簿アプリをダウンロードした人がいるとして、その行動に至るまでの流れを見てみましょう。アプリストアのランキング上位に上がっているのをたまたま目にして、アプリの詳細説明を読み、便利そうなアプリであると解釈し、自身に適していると判断した結果ダウンロードした、と考えることができます。

　このときの認知や解釈、判断にはそれぞれその人の置かれた状況が影響しており、その状況もより長い時間軸で見た価値観や思想、行動原理といったものの影響を受けていると考えられます。高い買い物のために貯金額を増やすべく支出管理のために家計簿をつける気になったという状況と、手書きの家計簿が面倒になってアプリを探していたという状況

では、同じアプリストア上に載っているアプリの詳細説明の解釈の仕方や判断のポイントが変わってくると考えられます。

デプスインタビューではこうした高い解像度で重要となる被験者の行動を深掘りして因果関係を追求していくことで、「なぜその被験者はその行動をとったのか」について一般化して考えられるようになるのです。

新しい発見に気づくためにアノマリーを押さえる

アノマリーという言葉はあまりなじみのない方も多いと思います。アノマリーとは、異常や逸脱という日本語訳が当てられ、「普通と異なること」を指す言葉です。

この言葉は、かつてクリステンセン氏が発表した「理論のつくり方」に関する論文[3]において言及した概念を援用しています。クリステンセン氏は新しい理論をつくるためには、さまざまな事象を観察する中で従来の理論やモデルでは説明できない「逸脱」（アノマリー）を見つけ、そのアノマリーがなぜ生じたのかを考察し、新しいモデルをつくるという理論づくりのフレームについて言及しています（図7-7）。

対象を観察してアノマリーに注目して深掘りをすることが、デプスインタビューにおける発見を増やすうえで非常に重要な観点になります。デプスインタビューにおけるアノマリーとは、端的にいうと「普通の人の行動」とのギャップであると考えることができます（図7-8）。

普通はこういう行動・反応をするはずなのに、実際の被験者はなぜか異なる行動や反応を行っているということに気づくことができれば、なぜそのような逸脱行動をしたのかを深掘りすることで新しい発見を得ら

3　The Ongoing Process of Building a Theory of Disruption. Clayton M. Christensen First published: 23 December 2005. https://doi.org/10.1111/j.1540-5885.2005.00180.x

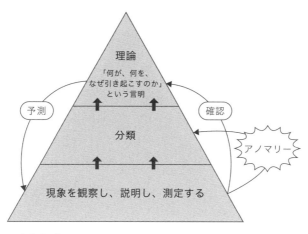

■ 図7-7　理論構築プロセス

担当者にとっての"普通"の行動　　　　　　　顧客の行動や調査の結果

アノマリー

■ 図7-8　人は状況をよりよくしようとする

れることがあります。

　アノマリーに気づけるようになるために重要なのは「普通の蓄積」であると考えられます。状況に応じた多様な「普通」を蓄積し続けることで、被験者のわずかなアノマリーに気づくことができるようになり、結果的にさまざまな発見を得られるようになるわけです。

　「普通の蓄積」をするためには「人間理解」の解像度を高めていくこと

が重要です。デプスインタビューの被験者は、被験者である前に一人の人間であり、動物としての人間、社会的生き物としての人間に広く共通する特徴をある程度適用できると考えることができます。

　いい換えると、社会学や心理学、はたまた脳科学（神経科学）の分野でいわれている「人間の特徴」を知っていれば説明がつくシーンが多くあるのです。

　たとえば神経科学の分野でよく使われる概念として、「Use it or Lose it」という原則があります。これは「使わなければ駄目になる」というもので、学生時代に楽器をやっていた人が、十数年ぶりに触ってみても、指が動かなくなっていて昔のように演奏できないというような事例が挙げられます。

　この原則を考察していくと、脳は慣れ親しんだ行動に対しては効率的にできるよう最適化される一方で、しばらく行われなかった行動ややったことのないことに対しては最適化されておらず、新たな習慣として定着することが非常に難しいということがわかります。

　この前提を知っていると、先ほどの家計簿アプリを使い続けているユーザーの中で、これまで家計簿をつける習慣がなかったにもかかわらず、離脱せずに続けることができているユーザーがデプスインタビューの被験者としていた場合、非常に難易度の高い「新しい習慣の形成」ができているアノマリーな存在だと気づくことができるのです。

　企画者の立場からすると、「いいものをつくっているのだから定着してもらわないと困る」という発想になりがちで、なぜ離脱してしまったのかを問うケースが多くなりがちです。しかし、上記のような前提を知っていることで、「これまで習慣がなかったにもかかわらず定着した人の特異性」に気づくことができ、「なぜ定着したのか」の仮説を立てて

深掘りすることが可能になります。定着しなかった「普通の人たち」との差分を見比べることにより「アプリが定着するまで」に必要な要素を分析できるようになります。

「普通の蓄積」のためには人間理解の解像度をさまざまな観点で高める大切さを述べてきましたが、何よりも大事なのはさまざまなデプスインタビューの経験を積み、分析・考察の結果を自身の中に蓄積することです。これは一朝一夕にできるようになるものではないので、場合によってはプロに任せる領域だともいえます。

状 況 を 抽 出 す る 分 析 ・ 考 察 手 法

状 況 を 抽 出 す る 分 析 ・ 考 察 の 難 し さ

ここまで見てきたような質の高いデプスインタビューがなされたうえで、その結果をビジネスの目的に即した形で使える状態にするのが分析および考察の取り組みとなります。

状況を抽出するための分析・考察は非常に難易度が高く、その理由は大きく3つあります（図7-9）。

	デプスインタビューの分析・考察の難しさ
1	ビジネス文脈で用いられる分析プロセスの画一化された分析手法がほとんどない
2	分析の切り口が無限に存在する
3	重層的で抽象度のコントロールが難しい状況を分析対象としている

■ 図7-9　デプスインタビューの分析・考察が難しい3つの理由

分析手法を決めづらい

　まず一つ目として、定性調査（とくにデプスインタビュー）の結果分析の方法として、特定の手法を挙げづらいことです。定量調査の場合、多くの調査会社のメニューにもクラスター分析や共分散構造分析、コンジョイント分析など、さまざまな手法が並びます。

　一方で定性調査、とくにデプスインタビュー結果の分析にある特定の手法を用いると明記されたものをあまり見たことがありません。たとえばKJ法やN1分析といったものがありますが（学術的にはグラウンデッド・セオリー・アプローチといったものも有名です）、KJ法はアイディアを創発し練り上げていくためのもので、N1分析は一人ひとりの顧客に深掘るべきであるという考え方がそもそもの特質なので、形式的な分析プロセスというよりも実践知が多分に必要となります（N1分析に入る前に誰を分析するべきかを定義し、分析した後のアウトプットとしてカスタマージャーニーをつくるプロセスは整理されています）。このように、確固たる分析手法がないことが難しさの背景の一つです。

分析の切り口が無限にある

二つ目の理由として、切り口が無限に存在することが挙げられます。90分のデプスインタビューのやりとりのすべてをインタビューログとして文字起こしすると、23,000字くらいの分量になります。1回あたりの調査で見ると、12~16人程度の人数を実施することが多いので、テキスト量だけでも書籍一冊分を軽く上回るほどのデータ量になります。

分析とは、データを分けて析くこと、つまり軸を引き比較することだといいかえると、被験者ごとにさまざまな観点で比較をしながら分析を進めていく形になります。

この際、一人の被験者あたり23,000字もデータがあると、分析の切り口となる変数自体も無限に存在してしまうため、慣れていない人がやると途方にくれることになります。この無限に生じうる切り口に対して、うまく観点を絞りこまなければいけない点が、デプスインタビューの分析を難しいものとしています。

分析対象が「状況」であること

三つ目の理由は、あつかう対象が「状況」であることです。状況は本書でこれまでご説明した通り、非常に重層的で抽象度のコントロールが難しいものです。

「お腹がすいている」「朝から何も食べておらずお腹がすいている」「前日の二日酔いが響いて、朝から何も食べることができなかったがお腹はすいている」という3つの状況はすべて空腹状態を示すものですが、解像度を高め具体的に見ようと思えばいくらでも枝葉をつけることができます。この抽象度・解像度のいい塩梅での調整が難しく、ただでさえ難易度の高いデプスインタビューの分析をより高度なものに至らしめてい

るのです。

　こうした難易度の高いデプスインタビューの分析や考察については、プロにお任せすることをおすすめしますが、発注するうえで、どのようなステップで行うべきかといった最低限の知識が必要になります。そこで、以降では、状況抽出のための分析・考察ステップについてご説明していきます。

状況抽出のための分析・考察ステップ

　ここで紹介するのは、「状況構造化分析」という筆者が独自に整理したステップです（図7-10）。他にも適切な方法はありますが、抽象度コントロールが難しい状況をあつかいやすくするために整理してあるのが特徴です。

　状況構造化分析では、大別するとデータの整形・分析・考察の３つの

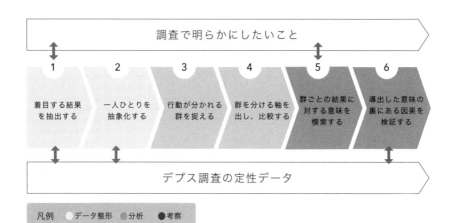

■ 図7-10　状況構造化分析の６つのステップ

フェーズ、詳細に見ると6つのステップで分析から考察まで行っていきます。

　それぞれ具体的に見ていきます。まずは「考察し示唆を出したい対象」を明確にし、注目すべきデータカテゴリを見極めるための作業を行い（ステップ1）、見極めたデータに対して一人ひとりの行動を抽象化していきます（ステップ2）。

　抽象化された一人ひとりの行動を、行動・結果が同じデータ同士を分類してまとめていくことで、同じ意味合いをもつ「群」を形成します（ステップ3）。複数の「群」を横並びにする中で、群と群を分かつ軸を見出していき（ステップ4）、導出されたセグメントに対してどんな意味合いがあるのかを抽出していきます（ステップ5）。最後に、引いた軸と対象としてきた行動や結果との因果関係を考察します（ステップ6）。

　このとき、ステップ2の一人ひとりの行動を抽象化する際に、行動や結果の背景となる「状況」も一緒に抽象化することで、ステップ3からステップ4に至るプロセスでの群を分かつ軸の候補に「状況」をあつかえるようになります。

ステップ1～2：データ整形

　定量調査の分析の経験がある方であればイメージがつくと思いますが、デプスインタビューの分析にあたってもデータの整形、データクリーニングが必要となります。デプスインタビューの調査の設計上、必要な項目を被験者にいきなり聞くわけにはいかず、ヒアリング項目自体が多岐にわたります。

　たとえば、被験者要件が適切に反映されているかを確認するための項

目や、聞きたいことをバイアスをなくして聞くための前提となる質問、被験者との認識合わせのための項目などが挙げられます。

　90分間のデプスインタビューの発言録は先述のように、23,000字程度になるのですが、その文字情報のすべてが一様に重要な情報ではなく、分析に必要なものとそうでないものが入り交じっています。すべての情報を読み込もうとすると非常に効率が悪いので、どこに注力するかを事前に決めることをおすすめします（図7-11）。

　この段階で注力すべきかどうかの判断は、デプスインタビューを行う目的・調査で明らかにしたいことに従います（目的指標）。たとえば、あるプロダクトの受容性検証を行う場合で注力すべき該当箇所は、プロダク

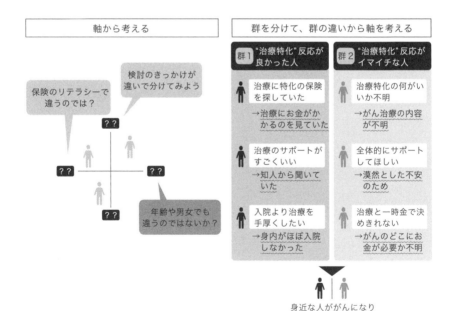

■ 図7-11　群を分けてその違いから軸を考える

トの購買意向となりますし、サービスの解約理由を明らかにする目的であれば、解約につながる一連の行動が注力すべき項目になります。

　このように注目する項目を定義したら、続いて一人ひとりの活動を抽象化していきます。1次情報をそのまま分析に用いると、被験者固有のその人にしか発生しえない情報まで分析対象となってしまい、分析結果の正確性が損なわれてしまいます。抽象化の目安としては、1次情報を「1.2次情報」くらいに抽象化するイメージです。図7-12を参考にしていただくと取り組みやすくなります。

　前提状態Aというのが「状況A」であり、事後状態Bというのが前述の目的指標として定義した項目になります。その過程では、何かしら刺激があり行動を誘発されているという表層的な事象レイヤーの動きと、その背後にある短時間軸での状況や価値観・行動原理といった長い時間軸での状況と解釈できます。

　具体的な例で見ていくと、前提状態Aとしてお腹がすいている人が、

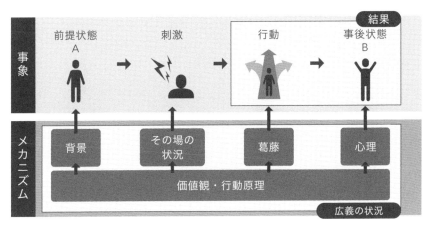

■ 図7-12　事象とメカニズムのイメージ

豚骨ラーメンの匂いを嗅いで、近くにあるそば屋に入り、そばを食べて満足した、という事象レイヤーの動きがあったとします。なぜその人がそばを食べたのかのメカニズムとして、二日酔い状態で空腹だった人が、ラーメン屋さんの前を通りかかって豚骨ラーメンの匂いという刺激に対して胃もたれを自覚し、さっぱりしたものが食べたいが何を食べようかという葛藤があってそば屋に入った、と解釈するというイメージです。

　これらの背景には、胃が痛いときにそばなら食べることができた、という過去の経験があるかもしれません。こういった粒度で各被験者を抽象化することで、同じ軸で被験者をあつかうことができるようになり、結果的に比べて考えることができるようになるのです。

　一人ひとりの被験者の生ログである1次情報から何かしらの解釈を加えることは、被験者固有の経験を無視できなくなってしまうので注意が必要です。抽象化されていない、図7-13のようなアウトプットをリサーチ会社から提出された場合は、その品質をよく見極めることをおすすめします。

ステップ3〜4：分析

　一度データクリーニングし、目的指標に対して1.2次情報化した被験者ごとのデータが整理できたら、今度は比較していく作業に取り掛かります。分析とは比較であり、軸を引いて比べてることを意味しますが、ここでもっとも重要な点として、「軸は引くのではなく探す」という考え方です。

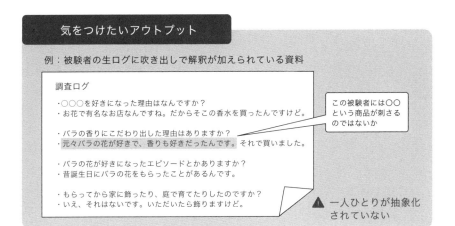

■ 図7-13　リサーチ会社を見極める観点

　デプスインタビューの分析でもっとも陥りがちな失敗が、意味のない軸で被験者を分けて整理することです。デプスインタビューの調査結果は、無限に観点を考えることができる取りあつかいが難しいデータの集まりです。

　このようなデータを目の前にした際に、とりあえず軸を引いてみる、という考え方で臨むとデータの海に溺れてしまいます。この解決法としておすすめしているのが、目的指標で「群分け」をすることです。

　たとえば、がん保険で治療に対するサポートが強い商品があったとします。その商品の購買意向が高い人たちを特定しようとする際、軸から引こうとすると、保険に対するリテラシーの高さであったり、他人からのおすすめがあったかどうかなど、よく聞く項目が軸の候補に挙がってきます。

　「群分け」の考えでは、その保険商品に対する購買意向が高かった層と低かった層に分けて整理することになります。一度、購買意向の高い群

第
7
章

状況をとらえるリサーチ手法

と低い群で分けてから、その両者の違いについて考えることで、軸を導き出すことができるのです。

この導出する軸の観点は、行動や結果の背景にある状況であり、行動に影響を与える重要な状況に気づくことができる取り組みといえます。がん保険の例では、購買意向が高かった層では「治療のサポートに強みがあること」が魅力だととらえられており、低かった層ではその魅力が伝わっていませんでした。

この背景を見ていくと、購買意向が高かった層では、過去に近親者や身近な人ががんを患い、入院や手術よりも治療の方が金銭的な負担が大きかったのを間近で見ていたという経験がありました。この身近な経験の差が、購買意向の高さの源泉となっていることがわかり、これが申込数を増やす打ち手を考えるうえでの重要な軸の一つとなったのでした。

ステップ5～6：考察

最後に分析された結果の考察を行います。考察とは、分析結果に対して意味合いを考える行為であり、仮説の延長線上にあるものととらえることができます。群を分け、群を分かつ軸として適切な状況を導き出した後にやるべきことは、その軸で分けた結果がどのような意味合いをもつのか、目的指標としておいた行動や結果と因果関係をもつのかの検証です。

たとえば2×2の4セグメントで軸を分けた場合、隣あう象限には共通の特徴があってしかるべきです（図7-14）。また、このセグメントごとの特徴は目的指標に対してどのような意味合いがあるのか（購買意向であれば購買意向の高さの違いや受容される訴求メッセージの違いなど）について考察を

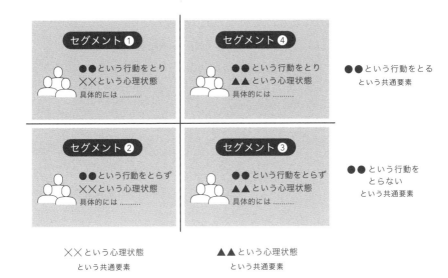

■ 図7-14　結果に対する意味を探索する

加えていくことで状況をとらえた打ち手の検討につなげていくことがで
きます。

　このように分析した結果について考察を加えていくことで、顧客調査
を行う目的に即す結果が、どのような条件下において、どんな状況・刺
激があれば発生するのか、それはなぜなのかの一連の流れをとらえるこ
とができます。この「目的に即す結果」が起こる条件としての「状況」
の抽出は、これまで見てきた状況構造化分析の手順に従うことで導出す
ることができます。

内製 vs.外注

目的やプロセスは理解しておく

　ここまで見てきた状況抽出するためのデプスインタビューの準備・実査・分析・考察の流れの中で、プロに頼るべき理由について触れてきました。最後に事業会社でよくある内製と外注の比較について触れておきます。

　まず大前提として、どのようなプロセスで状況抽出が行われるのか、何のために顧客調査を行うのかなど、大枠の考え方については理解しておく必要があります。

　一般にマーケティングやデザイン思考に関する書籍などで、インタビューは自分で行うことを推奨するものも多くあります。企画者自身が肌感をつかむという点では非常に意味はあるのですが、インタビューに慣れていない人が行ったバイアスを多く含むインタビュー結果を事実としてあつかったり、分析に慣れていない人が行った状況抽出結果に基づいて物事を判断をしたりすると、効果が薄いだけでなくむしろネガティブな結果を引き起こす可能性まで考えられます。

　デプスインタビューの深掘りポイントは、「普通の蓄積」や「人間理

226

解」によって担保されるため、慣れていない人のインタビューにはそれ相応のバイアスがつきものです。こういった観点から、チーム全体で肌感をもったり、顧客目線を養うという目的であれば、内製して自社内でインタビューを行うことを推奨しますし、企画を前に進めたり、仮説を検証したりするためのインタビューなのであれば、経験豊富なプロに任せることをおすすめします。

　仮に外注するとなった場合は、丸投げするのではなく、前述のステップに従って依頼するパートナー企業のアウトプット品質をよく確認する必要があります。

「仮説をもってはいけない」という言説について

　UXリサーチや顧客調査を担うプレイヤーの中には、顧客調査（UXリサーチなど）では仮説をもってはいけないという主張をする声が存在します。

　第7章では仮説をもつことの重要性について触れてきたため、上記のような主張をするプレイヤーとお話をされたことのある読者の方は、困惑されたことでしょう。

　そもそもなぜ「顧客調査では仮説をもってはいけない」と主張されるのでしょうか。

　彼・彼女らが仮説をもってはいけないと主張する理由は非常にシンプルで、仮説の誘導に伴うバイアスを忌諱するためと考えられます。デプスインタビューなどの顧客調査において、仮説の白黒をつけたいとはやるあまり、モデレーターが被験者に対して誘導的な質問をしてしまうことで、調査結果にバイアスがかかるのを避けることが目的です。

　第3章末のCOLUMNでも、顧客調査において「意見」はバイアスの塊であり、打ち手の検討には弱いと指摘しましたが、仮説に対する意見を求めても意味がないことには変わりありませんし、無意識に仮説への誘導を行ってしまう可能性があるかもしれません。

　こういった点では、「顧客調査で仮説をもつべきではない」という主張は間違っていないかもしれません。

　一方で本書の第1章では、人はそもそも環境を予測し、能動的推論と

生成モデルのアップデートをつねに行っている生き物であることを確認しました。いい換えると、状況から勝手に仮説を立ててしまっているととらえることができますが、この営みを気合いや意識で止めることは不可能ではないでしょうか。

　つまるところ、モデレーターが人間である以上、「仮説をもたない」ことは構造上不可能ということになります。

　それではどうするといいのでしょうか。

　答えは簡単で、「仮説をもたない」ことは無理であると割り切り、仮説をもって臨む顧客調査はバイアスがかかる可能性があることを考慮したうえで、調査の準備をすることです。

　バイアスを排除するという観点では仮説はない方がいいケースもありますが、仮説をもつことで行き当たりばったりではなくなるため、1回の顧客調査で得られる発見の量も相当に増えることが見込まれます。

　仮説をもつことが不可能なのであれば、バイアスが極力かからないように、調査設計を考える際やモデレートをする際に細心の注意を払うことで、質が高くかつ発見の多い顧客調査を遂行できるようになるのです。

おわりに ―― 仕事とは状況を変えること

　これまで見てきた通り、状況という見方は、人の言動や認識の背景についての理解の仕方を伴います。みなさんの周囲には、事業上の顧客だけでなく、仕事の上司や同僚、家族や友人など、さまざまな状況を抱えた人たちであふれています。

　本書の終わりに、人の発言・行動の背景にある状況への好奇心をもつことは、ときに冷静さを取り戻すこと、自分のやるべきことを見出すことにつながる、というお話をお伝えします。

相手の状況を考える

　現状に困難を抱えているのは、当然ですが何も顧客だけではありません。時としてみなさんご自身もそうですし、仕事や生活におけるみなさんの周りの方も同様です。つまり、誰にとっても状況Aは存在します。

　大事なのは、相手の言動よりもその背景状況に目を向けてみることです。とりわけ、相手の言動が感情的な場合には、なぜ相手はそんなことをいっているのか、一呼吸おいて相手の状況に（できれば好奇心をもって）気を配ってみることです。

　相手に悪意がある場合は別として、ほとんどの場合、相手も「やむをえず」または「よかれと思って」そうしていることが多いように思えます。

　そんなときは、その言動が起きている状況を冷静に考えてみることをおすすめします。とりわけ第1章のCOLUMNでお伝えした「根本的な

帰属の誤り（帰属バイアス）」を思い出してください。人は相手の人格を行動の要因と見なしがちなのです（「この人せっかちな人だな、怒りっぽいのかな」など）。そうではなくて、相手が置かれた状況が原因となり、その人なりにそれこそ「よかれと思って」やっていることがあります。

　そういったときは、相手の話を聞きながらも、相手の状況に耳を傾けてみましょう。これ以上は説教じみてしまいますのでやめますが、普段のコミュニケーションにおいても、相手の状況を見る考え方が役立つことがあると、ぜひ覚えておいていただければ幸いです。

自分がすべきことのヒントにも

　筆者らは相手の状況理解を生業とし、多くの人たちに耳を傾けてきましたが、やはりお一人お一人の生き生きとしたストーリー（ナラティブ）というのは、ささいなことでも少しドキッとするような瞬間があります。

　たとえば、とても真面目なサラリーマンで、オフィスの警備に関する定型的な仕事のくりかえしながらも残業続きで疲れることも多く、かつ倹約家で健康志向であり日常生活でも我慢をつらぬいていて、自宅から職場まで毎日1時間以上かけて通勤されている地方在住の男性の方がいらっしゃいました[1]。

　そんな彼のたまの息抜きの一つが、休日に知人とテニスをすることと、「コンビニで少し高いエナジードリンクを飲む」ということでした。

1　直接インタビューで伺った話を掲載することは、匿名性を担保するために脚色したところでやはり気が引けますので、大幅に変更しています。

彼にとってこの行為は、普段の倹約や健康生活のルーティンから離れる「悪いこと」であり、一方で非日常感を味わえる癒やしの瞬間でした。日本的なハレとケではないですが、エナジードリンクという比較的ささいなことにこんなにも非日常的なハレを求める方がいるんだと、正直驚いたことがあります。

　彼を不幸だという気はありませんし、相手の気持ちに強く共感しすぎてしまうと、むやみにその気持ちを抱えてしまうことにもなるため、客観的な視点で距離を置くことが大事ではありますが、何か社会のひずみを目の当たりにした感覚を覚えた気がして、何かできないものかと心に少し衝動めいたものを感じました。

　哲学者の國分功一郎氏と医師である熊谷晋一郎氏の共著に、『＜責任＞の生成』（新曜社、2020）という素晴らしい書籍があります。この書籍では、意志や責任とは何かについて、発達障害やアルコール中毒患者などを対象にしたいわゆる「当事者研究」での出来事とあわせながら、現代社会のあり方について鋭く切り込んでいます。

　当事者研究は、一般的にはその課題や問題に直接かかわる人々、つまり「当事者」自身の体験や視点を通して行う研究のことを指します。研究対象となる問題を、直接経験し、生活の中でそれに取り組んでいる人々自身が、自己反省や社会的状況の理解を深め、知識を生み出す手法といえます。自らが当事者の置かれた環境に近づいていくということです。

　当事者研究に限りませんが、社会の特定の状況に深く入り込む経験

は、時として「原体験」とよばれるような、自分の内面から唐突に湧きでる衝動をよび起こす瞬間があります。國分さんらの書籍における「責任」ということばには、その衝動と通じるものがあります。それは、いわゆるWillとか意志とはまた違う形で働くものです。そのことを端的に語った一文を引用したいと思います。

> "自分が応答するべきである何かに出会った時、人は責任感を感じ、応答する。これがそもそもの責任という言葉の意味ではないでしょうか。"

　リサーチをしていて顧客の状況にすみこむと、時としてひとりの個人として、何か応答せずにはいられないような衝動に駆られる機会に遭遇します。ビジネスの厳しさからはずれた話になるかもしれませんが、多くの優れた事業やバリュー・プロポジションの背後には、おそらくそのような衝動がひそかに息づいているケースもあるかもしれません。

　みなさんの今後そのような衝動的な状況への出会いに向けて、本書がその一助になればと願っています。

　最後に、私たちが本書を書く「状況」を支えていただいたすべての方へ、心から感謝したいと思います。とくに筆者らの古巣である株式会社ビービットの諸先輩方には、顧客理解を経てビジネスアウトカムを生み出す考え方・方法論・価値観のすべてを教わりました。

　思えば入社時に暗記したユーザビリティの定義にも、本書のキーワードである状況という言葉が含まれていました。

「ユーザビリティ」の定義：

ある製品が、

- **特定の利用状況において**
- **特定のユーザによって**
- **特定の目的を達成するために**

用いられる際の有効さ、効率性、満足度の度合い

(ISO9241-11)

　ビービットに入社すると、筆者らの当時は平均すると毎月20人×70分の行動観察にプロジェクトとして取り組む激しい機会があります。年間にすると200〜300人近くになり、5年間続けると千人規模になります。このような稀有な環境を与えてくれたことがすべてのベースとなり、本書を書くに至っています。感謝の念に堪えません。

　また、本書の執筆の最大の動機となったのは、クレイトン・クリステンセン氏とボブ・モエスタ氏両名によるジョブ理論にふれて感銘をうけたことです。普段からビジネス成果の文脈で顧客の状況を見ることにプロフェッショナリズムをもっていた筆者らにとっては、このコンセプトを日本の多くのビジネスパーソンにもっと知ってもらいたいという使命感に駆られるような出会いでした。クリステンセン氏は2020年に他界されており、直接感謝の言葉をお伝えすることがかなわないことが、何より残念でなりません。

　本書のレビューをご快諾いただいた、日本たばこ産業での筆者・安達の上司である大瀧裕樹さん、また筆者・安達が参画する株式会社

BELLOWLの大切な仲間であり本書の事例提供に協力いただいた鈴木康代さん、佐藤麻友さん、moxの事例提供とすてきな図版を作成いただいた北村萌絵さん、CHONPSの事例を提供していただいた福澤龍人さん、本書のストーリーづくりを支援いただいたビジネスライターの森川ミユキさんに、大変感謝いたします。

　最後に、数年にわたって本書の企画時点からあたたかく見守りながらここまで導いていただいた翔泳社の渡邊康治さんに、心から感謝申し上げます。

2023年9月

前田俊幸・安達淳

参 考 文 献

本書やその周辺領域について理解を深めていただくための参考文献をご紹介します。

ジョブ理論

- クレイトン・クリステンセン他著、玉田俊平太監修、櫻井祐子訳『イノベーションへの解』翔泳社（2003）
- クレイトン・クリステンセン他著、依田光江訳『ジョブ理論』ハーパーコリンズ・ジャパン（2017）
- Bob Moesta, Greg Engle 著『Demand-Side Sales 101』Lioncrest Publishing（2020）
- Anthony W. Ulwick 著『Jobs to Be Done: Theory to Practice』Independently published（2016）
- JTBD.info（https://jtbd.info/）：ジョブ理論家のアラン・クレメント氏によるジョブ理論に関するブログ

状況にかかわるビジネス書

- 栗木契著『マーケティング・コンセプトを問い直す』有斐閣（2012）
- ロバート.F.ラッシュ著、井上崇通監訳、庄司真人、田口尚史訳『サービス・ドミナント・ロジックの発想と応用』同文舘出版（2016）
- 石井淳蔵『ビジネスインサイト』岩波書店（2009）

事業開発

- Ash Maurya 著、角征典訳『Running Lean 第3版』オライリー・ジャパン（2023）
- Running Lean Mastery（https://www.runningleanmastery.com/）：Ash Maurya 氏によるブログ
- サラス・サラスバシー著、加護野忠男監訳、高瀬進、吉田満梨訳『エフェクチュエーション』碩学舎（2016）

思想・哲学

- 國分功一郎、熊谷晋一郎著『＜責任＞の生成』新曜社（2020）

著者略歴

前田俊幸 （まえだ・としゆき）

プロダクトマネージャー、UXリサーチャー。UXコンサルティング企業にて、大手企業のサービス開発やCXマネジメントを支援。外資系スタートアップでのUXリサーチャーを経て、現在AI企業にてプロダクト事業をリード。東京大学工学部、同大学院学際情報学修士。岡山県生まれ。監訳書に『This is Lean』（翔泳社、2021）など。

安達淳 （あだち・じゅん）

1990年、東京生まれ。東京大学農学部環境資源科学課程を卒業し、新卒でUXコンサルティング企業に入社。顧客起点でのサービス・事業開発の案件を担当する。現在は日本たばこ産業株式会社のD-LABにおいて新規事業開発を企画・推進するかたわら、顧客調査や顧客起点での事業開発コンサルティング、プロダクトの自社開発を行うBELLOWL社を共同創業者・COOとして経営。シニアDXを推進する株式会社オースタンスにてシニアディレクターも務める。趣味は料理をすること。

ブックデザイン	沢田幸平（happeace）
図版作成	北村萌絵
編集協力	森川ミユキ
DTP	株式会社 シンクス

バリュー・プロポジションのつくり方
顧客の価値を「状況」で考えれば
プロダクト・サービス開発はうまくいく

2023年10月23日 初版第1刷発行

著者	前田 俊幸
	安達 淳
発行人	佐々木 幹夫
発行所	株式会社 翔泳社（https://www.shoeisha.co.jp/）
印刷・製本	中央精版印刷株式会社

©2023 Toshiyuki Maeda, Jun Adachi